中华传统文化十讲

赵安军◎著

世界知识出版社

图书在版编目（CIP）数据

中华传统文化十讲 / 赵安军著．— 北京 ：世界知识出版社，2019.9

ISBN 978-7-5012-6060-7

Ⅰ．①中… Ⅱ．①赵… Ⅲ．①中华文化—通俗读物 Ⅳ．① K203-49

中国版本图书馆 CIP 数据核字（2019）第 155708 号

中华传统文化十讲
Zhonghua Chuangtong Wenhua Shijiang

作　　者　赵安军
责任编辑　薛　乾　　　特邀编辑　鄢　璐
责任出版　王勇刚　　　装帧设计　周周设计局
内文制作　宁春江
出版发行　世界知识出版社
地　　址　北京市东城区干面胡同 51 号（100010）
网　　址　www.ao1934.org　www.ishizhi.cn
联系电话　010-58408356　010-58408358
经　　销　新华书店
印　　刷　北京市松源印刷有限公司
开本印张　710×1000 毫米 1/16　13.25 印张
字　　数　140 千字
版次印次　2019 年 9 月第一版　2019 年 9 月第一次印刷
标准书号　ISBN 978-7-5012-6060-7
定　　价　30.00 元
（凡印刷、装订错误可随时向出版社调换。联系电话：010-58408356）

目　录

第一讲　人文化成

近年来，我国经济建设取得长足进步，综合国力得到极大提升，中华民族伟大复兴不再是遥远的梦想，正在稳步变成活生生的现实，中国已经再一次走近世界舞台的中央。取得这一举世瞩目伟大成就的同时，也触发国人一个坚定信念，那就是文化自信。没有高度的文化自信，没有文化的繁荣兴盛，就没有中华民族伟大复兴。

传统文化是中华民族的灵魂。深入挖掘中华优秀传统文化蕴含的思想观念、人文精神、道德规范，结合时代要求继承创新，会使中华民族伟大复兴之路更加清晰和平坦，也会给中华民族保持长盛不衰提供坚实保障。

当前，我们弘扬传统文化时，针对一些言论，首先需要从理论上澄清一个问题：中国有没有传统文化？或者说，中华传统文化有没有严整的理论体系？它和西方文化相比，有没有本质上的区别？

这不是一个可有可无的茶余饭后谈资，而是化解国人思想困惑的重要命题。如果不破解这个命题，弘扬中华传统文化就仅仅是空洞的口号和对碎片化习俗的怀旧，谈不上用中华传统文化塑造国人灵魂的伟大历史使命，更谈不上发挥中华传统文化在后现代社会发展中的引领作用。

众所周知，近代中国灾难深重，从 19 世纪 40 年代起就接连遭受帝国主义列强的侵略和殖民。为了摆脱这种屈辱，有志之士前仆后继，开展了轰轰烈烈的救亡图存斗争。中国人在付出巨大牺牲之后，迎来了 20 世纪开天辟地的大事：新中国建立了。

新中国成立，标志着中国人民近代屈辱的终结。抗美援朝之后，中国在国际社会上的地位得以确立。抗美援朝停战协定签署后，彭德怀感慨地说："西方殖民者几百年来只要在东方一个海岸线上架起几尊大炮就可霸占一个国家的时代是一去不复返了。"

新中国成立 70 年，我们在经济、科技等方面建设取得举世瞩目的成就。在新的历史时期，中华传统文化的重建成为迫切的需要。为什么要重建中华传统文化，需要从"西学东渐"说起。

西学东渐从明朝末年就开始了。学者们构想"以西方之学术，灌输于中国，使中国日趋于文明富强之境"。"借西方文明之学术以改良东方之文化，必可使此老大帝国，一变而为少年新中国"。

民国时期，对政治的不满，又进一步导致知识分子们提出"全盘西化"的主张，否定中华传统文化、废除中医等言论此起彼伏，其影响一直持续到当代而未停歇。

当时的学者们反叛中华传统文化，谴责传统习俗，其积极意义是使传统断裂，以求建立新的知识权威；消极意义是未能真正建立起知识权威，从而导致文化呆滞和思想真空。从文字到思想、从习俗到价值、从礼教到体制完全移植西方，出发点有积极的方面，但是随着时间推移，缺陷就越来越多地暴露了。成中英先生认为，没有任何人能把一种外来的形式强加于一种本土学术的内容上而不体验到某种不协调。应该说，中国引进西方文化引起的这种不协调一直持续到现在，还没有根本性消除。

顺应潮流、引领潮流，而不是让潮流牵着鼻子走。救亡图存的危机已经成为历史，伟大复兴的重任不仅是经济发展、物质丰富和科技创新，更重要的是思想整合与重新出发。就像我们不能建设一个无主的家园一样，我们也不能想象没有新思想引领的中华民族伟大复兴能够顺利完成并永续发展。新的历史条件下，进一步主动协调中华传统文化与现代化社会的发展，必将使中国在新的历史征程中占据主动地位，并取得中华民族伟大复兴的全面成功。

为了避免弘扬传统文化的表面化和碎片化，当前最需要的是厘清传统文化的理论体系。表面化和碎片化的弘扬也有某些效果，但缺点是难以持续发展，不能引起更大的共鸣，当然也无法承担起新时代赋予的新的历史重任。

我们经过对中华传统文化长期的学习和思考，试图揭示中华传统文化的理论体系，并提出一种全新的思考方法和审视视角，与大家共同探讨、完善，以期取得中华传统文化理论体系研究的新成果，让传统文化在中国新时期伟大实践中发挥应有的积极作用。

我们把现有的研究成果编辑整理，以系列讲座的形式与大家分享，抛砖引玉，期待引起中华传统文化理论体系研究的新热潮。

系列讲座的第一讲是中华传统文化的破题之旅，我们将从汉字“文化”一词入手，探讨中华传统文化的内涵。

一、文化释义

在《现代汉语词典》中，“文化”一词的解释是这样的：“人类在社会历史实践中所创造的物质财富和精神财富的总和。”这样的解释很难让人满意，原因很简单，定义之中既看不到对“文”的解读，也看不到对“化”的解读。我们不禁产生疑问，既然“文化”是由中国文字组成的词语，其定义之中应该有对文字的解读成分。

“文化”一词，最早见于中华传统文化经典《易经》之中。《易经》自古就被誉为“群经之首”“大道之源”。在距今约八千年以前，伏羲氏“一画开天”创立八卦，开启了中华民族的文化之源。《易经·系辞下》说：“古者包牺氏之王天下也，仰则观象于天，俯则观法于地。观鸟兽之文与地之宜，近取诸身，远取诸物，于是始作八卦，以通神明之德，以类万物之情。”

历经三皇五帝和夏商两代，中华传统文化进一步发展演变，西周初年，已经形成完整的理论体系。成书于西周初年的《易经》，就是中华传统文化的集大成之作。

《易经·贲卦》彖辞中，有这样一段话："刚柔交错，天文也；文明以止，人文也。观乎天文，以察时变；观乎人文，以化成天下。"最后一句"观乎人文，以化成天下"，就是文化一词的最早来源。

成书于西周初年的《易经》，经历五百多年，到东周的春秋时期，由于文字演变等原因，当时人们阅读《易经》已经有一定的困难，孔子作《易经》彖辞、象辞等，对《易经》经文进行解释与发挥。下面，我们根据这一段彖辞的内容，试图对"文化"一词进行确切定义。

文，对自然物而言，是装饰的意思；对人而言，则是人与动物的本质区别。文，就像一件有魔力的外衣一样，人一旦披上，就脱离动物属性而成了人，今天，我们把它统称为"规矩"。文，本义是人类成长过程中累积下来的、用发明的特有抽象符号和图案为主要载体记录下来的、便于永久传承的、用来规范约束人们社会行为的典章制度，或者是有典章制度性质的事物，它以"有所不为"作为最典型的特征，从而把人与行为完全受生理本能驱使的动物区分开来。文，它的最初记录载体也被称为文。

人文，以世界观、价值观、人生观为导引，以对人类生存与发展产生积极意义为特征，以人类活动及其活动的印迹，诸如规则、形式、记录、效果、遗迹等为主要内容。

文明，就是能够使人文得以彰显的所有人类活动及其活动的印迹，诸如规则、形式、记录、效果、遗迹等，它对人类社会的生存与发展在基础、规范、启发等方面具有积极意义。"文明以止"，是说

“有所不为”是所有人文品行的典型代表，是最难能可贵的。因此，文明所包含的不是所有人类活动及其活动的印迹，其中对人类生存与发展无积极意义、有消极作用的人类活动及其活动印迹不属于文明。

文化，将人文施加在人的身上，从而使人具有类似于生理本能一样的第二本能，这个活动过程及其活动的印迹（诸如规则、形式、记录、效果、遗迹等）就是文化。文化，本义为动词，在今天，我们可以把文化简述为“用规矩塑造人”。

文化以知识为主要载体，是知识转变为人类自觉行为准则的过程，也是这个过程的后果。文化以使人的思想、行为自觉地脱离动物属性，并有益于人类社会整体的生存与发展为根本特征和判定标准。

在英汉词典中，与“文化”等同的英文单词是culture、civilization等词语。

culture一词意思是：国家或群体的生活方式，也包含艺术文学、态度看法、种植养殖等，指一切经人为力量加诸自然物之上的成果。这种解释与中国传统中的文化显然有很大的不同。

civilization一词意思是：一个非常发达和有组织的人类社会状态。以此概念继续推理，生产力先进、组织严密就代表文明，而生产能力低下、组织形式不合某种标准就是野蛮，所以侵略战争往往被美化成“文明战胜野蛮”也就不足为奇了。

《现代汉语辞典》对于“文化”一词的定义，显然是受到西方影响，忽视了探究“文化”一词中“文”“化”两个字自身的内涵。如果我们本民族没有“文化”这个词语，那就可以借鉴其他民族的词语来丰富自己的语言。但是，“文化”是个土生土长的中国词语，它产生的年代久远，存在于传统经典之中，内涵清楚而准确，如果采用西方式的定义，就很难使人信服，并且在使用时明显产生了某种不协调。

于是，近年来就有人脱离辞典的定义重新解释“文化”。当代著名作家梁晓声先生认为，文化概括起来就是“根植于内心的修养，无需提醒的自觉，以约束为前提的自由，为别人着想的善良”。这样定义“文化”从总体上看与传统经典中的本义比较契合，因此在社会上得到广泛认同。这样的定义出现本身就表明我们对回归传统的渴求。

美国当代政治学家塞缪尔·亨廷顿在其著作《文明的冲突》一书中反复申明的主旨就是：现代化并不等于西化；已经有越来越多的非西方国家实现了现代化，而实现之后又都反对西方价值而复兴本土文化，实行自我伸张。马来西亚总理马哈蒂尔说：“欧洲价值只是欧洲价值，亚洲价值才是普世价值。”

我们在中华民族伟大复兴的征程中提出文化自信，其中一个重要内容就是对中华传统文化的认同。在越来越密切的国际交流中，保持本民族价值判断的独立性尤为重要，不注重对“文化”内涵的探究，简单地用外来词语 culture、civilization 等同中文词语“文化”的后果，就是使“文化”一词实际上沦为 culture、civilization 等外文词语内涵的注音。

从文字角度看，“文化”和“文明”明显有不同的内涵，而《现代汉语词典》中，对“文明”的定义就是“文化”。把这两个词语定义模糊化而等同起来，应用在现实生活中会造成很多问题。

中国人所谓的“文化”有其特定内涵，它的核心是价值理念，对它的定义也不能使用表象描述和现象堆砌。表象描述和现象堆砌的内容，顶多是文化的外在表现形式而已，不足以揭示其本质内涵。

“观乎天文，以察时变；观乎人文，以化成天下”，这是我们先民的伟大实践性理论。当时，人们看到自然界最宏大的景象，莫过于天。日月星辰等天体规律性的运动，主导着昼夜、望朔、四时、甲子交替出现；云雾雨雪等自然现象随机性出现，使天地充满变化的活力与未知的神秘性；规律性和随机性共同构成丰富多彩的自然世界。我们的先民以此为启示，制定了主次分明、有行有止的行为规范，进而形成各种价值观念，约束人们的主观能动性。

为了把这些规范与价值观记录下来，人类发明了抽象的图案、符号等，最初是刻画在岩壁、器物上面，以便广泛推行与恒久流传，这就是“文”。

西方哲学家认为，人的特点是能够制造和使用工具，具有所谓的理性。中华传统文化则认为，人有本能欲望和人文思想，人与动物的根本区别是人能够做到有所不为。

1840 年鸦片战争以来，由于政治腐败，无法抵御外敌入侵，曾经孕育了光辉灿烂中华文明的中国，逐步陷入半殖民地的屈辱境地。在深重的灾难面前，人们一度对于曾经引以为傲的中华传统文化产生了怀疑和动摇。

中华民族历经一百多年的磨难与抗争，中国共产党领导中国人民经过艰苦卓绝的斗争，终于在1949年建立了独立自主的新中国，中国人民重新挺直了腰杆，社会主义制度使我们这个古老、坚强、伟大的民族重新获得了自信。历经六十多年的经济建设，中国人民在经济、国防、科技等方面迅速赶上了世界发达国家，创造了一个又一个社会发展奇迹，中华民族伟大复兴的“中国梦”正在一步一步变为生动的现实。

为了实现中华民族伟大复兴，国家领导人指出：“我们要坚定中国特色社会主义道路自信、理论自信、制度自信，说到底是要坚持文化自信。”我们有优秀传统文化的底蕴，也有在革命、建设、改革的伟大实践过程中孕育的革命文化和社会主义先进文化，文化自信将给予我们生存与发展的强大底气和永不衰竭的动力。

使用大量篇幅解释“文化”一词，原因至少有两点。一是文化自信不可能建立在没有内涵的空洞基础概念之上；二是“文化”一词的西方式解读宽泛而抽象，已经在社会中引起大量的无谓争论和思维误区。

对于第一点，一些人也许没有深入思考；对于第二点，大家应该有所耳闻。现代人推崇理性思维，理性思维首先要确立准确的概念，然后才能运用逻辑推理进行思维。

我们引用毛泽东《在延安文艺座谈会上的讲话》中结论部分的一段话：“我们讨论问题，应当从实际出发，不是从定义出发。如果我们按照教科书，找到什么是文学、什么是艺术的定义，然后按照它们来规定今天文艺运动的方针，来评判今天所发生的各种见解和争论，这种方法是不正确的。”

毛泽东认为，当时的很多定义有历史和阶级的局限性，用来指导革命文艺创作是不正确的。那么，今天大家从辞典中所查到的文化的定义也是受特定历史条件的影响，是难以担负起指导当今实践重任的。因此，社会就出现了对“文化”的多重解读。

如果把观念搞清楚，我们遇到对“文化”概念的滥用现象时，就有了自己的观点；再见到有人利用“文化”概念的宽泛模糊性进行诡辩时，就有了自己的判断。

二、中国文化的根脉

文化有中西之分吗？答案是肯定的。从“文化”一词的定义中，我们就能够感觉到中西方文化的区别。有了这一思想观念，我们就明白中西方文化代表着不同的价值取向。面对中西方不同的思想观念和生活方式，我们就不再简单地认为这是风俗习惯的不同，而能够看出这是不同文化指导下的价值判断的不同。

就像两棵大树，远远看去都有树干树冠，似乎只是形态区别而已；再走近看，枝、叶、花、果都不相同。为什么会不相同呢？因为根脉不同。不同的种子落入泥土中，就萌发出不同的根系，生长出不同的芽苗，即使在完全相同的自然条件下也会生长成不同的植株。

尼采认为，哲学家是文化的医生，哲学的目的是文化。文化确定价值判断，形成一个民族的思想观念和生活方式；哲学则是文化的理论基础，不同的哲学理论产生不同的文化。

有人认为，中国人没有哲学，至少没有像西方一样成体系的哲学理论。试想一下，无本之木何以立千年？无源之水何以流万里？用网友的语言说，这是用脚趾头都能够想明白的道理。中华文明作为世界唯一传承不绝的文明，没有核心哲学理论是不可想象的。

哲学理论体系是文化的根脉，中华传统文化也不例外。严整的理论体系是中华传统文化能够历经数千年时间检验，经受千百次磨难冲击而屡次浴火重生的内在原因，它使世界见证中华民族从洪荒蒙昧发展到了现代科技社会而屹立不倒的神奇之旅，并将继续发挥不可替代的作用，引领中华民族未来的发展之路，让世界为之瞩目。

近代学者所谓的哲学基本上都是以西方哲学为标准范本，对中西方巨大的价值判断差异视若无睹。用这种先入为主的观念去探求中华传统哲学，怎么可能有收获呢？

在中华民族伟大复兴的脚步越来越坚实、清晰的今天，将中华传统文化的理论体系整理出来，让它成为文化自信的内在动力，助力文化自信内化成为每一个中国人的自觉行为，尤为紧迫和必要。

我们的先民以农耕为主要的生产方式，这种生产方式一直沿袭到近代，所以中华文明的基本特征是农耕文明。在以农耕为主要生产方式的生产生活中，我们的先民体察天地万物的规律，感悟天地万物的启示，产生了能够使人类永恒存在、持续发展的基本认识，产生了能够使人类社会和谐共存的基本认识，产生了人的个体存在与发展意义的基本认识。我们的先民把这些认识进一步抽象提炼，构成了流传至今的中华民族传统价值观念，这是传统文化的核心内容。

有人说，文明的发展是渐进性的，中华文明似乎有所不同。我们能够追溯的最早历史是在距今约八千年以前的伏羲氏时期，这一时期最伟大的历史事件是伏羲氏“一画开天”，创立了八卦。从仅存的历史文献中仔细分析这一历史事件，可以梳理出中国哲学的理论系统。所以说，中华传统哲学的发展与生产技术发展相比，可能是提前一步进行，至少是同步进行的。这种提前性，决定了中华文明的显著特点是设计的整体性，就好像建设一个城市，起先就有了完善的规划设计。

有人认为中华传统文化是碎片化的，那是因为中华文明过于枝繁叶茂，以至于有些人只看到碎片，枝叶障目无法领略其根本。时至今日，中国人在处理社会事务的时候，自觉表现出来的整体观、大局观、辩证思考、平等包容等思想意识，就是其鲜明特点之一。这些思想意识是随着传统文化的教习注入每一个人的灵魂深处，以至于到了“百姓日用而不知”的地步。

阴阳理论是中华传统哲学的基点。阴阳理论认为，万事万物的特性都是相对的，每一件事物本身的特征也是相对的。阴阳理论又被古人称为“太极”。从字面上看，“极”为房屋最高的横梁，加上“太”字的强化修饰，形象地说明阴阳理论至高无上的地位，它是其他理论的先导理论。

伏羲氏画卦并不是简单孤立的一件事情，这个判断可以由分析河图得出。结论是伏羲氏以阴阳为先导理论，创立八卦和五行理论，构建了中华传统哲学的基本理论框架。

八卦，是为了表明人与社会的四种基本关系而提炼出来的八种事物，它们既是具体的事物本身，又是这些具体事物的基本特征。八卦是：天、地、山、泽、雷、风、水、火。人与社会的四种基本关系就是“天地定位、山泽通气、雷风相薄、水火不相射”。翻译成白话文并总结出来就是：主次关系、普遍联系关系、共生关系和排斥关系。

天生五材：水、木、火、土、金。如果说八卦是以某个人为出发点来分析判断他与社会的关系，五行就是站在圈子外面对某个特定的社会群体内部彼此关系的分析研究，其标准用一句话来说就是：阴阳平衡、相生相克。

世界上没有纯粹的事物，为使解读人与社会关系的理论更加贴近现实，古人把八卦两两重叠进行排列组合，这就形成六十四卦。六十四卦应该是伏羲氏时期就诞生的，这个推论符合伏羲氏画卦的初衷。六十四卦就像是基本公式一样，给它赋予不同的因数，就呈现不同的结果。这个结果就是“易”的产生。

也许在伏羲氏时期还没有完整的文字系统，但是哲学理论已经基本成型。有人认为文字是文明开始的标志，其实文字是为了表达需要而产生的语言符号，它必然后于语言的产生；或者说由于语言复杂化，文字必然应运而生。中华文明的诞生，应该从伏羲氏开始算起，因为这一时期所形成的哲学理论，经过发展演变，一直传承至今。

伏羲氏以阴阳理论为基础，创立八卦与五行两套相互关联、相互对应的理论。阴阳与五行、八卦，犹如一母两子，中华传统文化的理论根基就在于此。

因为万事万物的特性都是相对的，每一件事物本身的特征也是相对的，所以，任何一个系统都可分为五个相生相克的要素，这些要素达到平衡状态，系统就稳定运行，这就是五行。

因为万事万物的特性都是相对的，每一件事物本身的特征也是相对的，任何一个人与社会的关系都可归纳为四种基本关系，把这四种基本关系用形象化的八种事物表示出来，这就是八卦。

五行以一个封闭系统为研究对象，研究系统稳定存在与发展的规律，研究者置身于系统之外；八卦以研究者自身为研究课题，分析自己在特定时空下与外界的关系。简言之，以我与外物为出发点，五行用以研究外物，八卦用以定位自己。

五行理论与八卦理论又是相互依存、相互关联的，所以我们有理由认为，五行与八卦都是伏羲氏创立的，或者说是在同一时期相伴出现的。这个结论在分析河图洛书时也能够得以印证。

八卦理论进一步发展演化，在商末周初产生了伟大的《易经》，它为中华民族确立了思想行为准则，成为传统文化的源头活水；五行理论进一步发展演化，在黄帝时期产生了同样伟大的中医，它是中华儿女生息繁衍的守护神。《易经》与中医，一个从思想上塑造中华民族，一个从身体上呵护中华儿女，阴阳之道在此也得到完美体现。

我们都知道，中国文字起源于远古的甲骨文，这是一种象形文字。象形文字是表意文字，所以中国古人用形象的概念来叙述抽象的道理，用诗一样的语言来阐述深刻的哲学理念，这是中国古代文字作品的一个基本特征。关于这一点，我们将在后续的讲座中详细讲述，这里只简单说明一下：阴阳是用自然界两种相互依存的现象表明一种基本理念，这种理念与我们今天所说的辩证相似，但比辩证内涵更加丰富和全面；五行是用自然界五种事物的基本特点表明五种理论属性，而不是指世界是由五种物质构成的；八卦是用自然界八种事物的基本特点两两相对来表明四种基本关系，这四种关系是人与社会最基本的四种关系，其他关系都可以涵盖进这四种关系之中。

中华文明作为唯一流传下来的远古文明，它的绵延不衰绝非偶然，这种必然结果也证明它具有超越其他文明的优越性，也可以说具有普世性。文化自信对于每一个中国人来说，可以通过比较性学习来树立。通过比较性学习，对中华传统文化有了全面系统的认识，我们将会为其博大恢弘的思想所折服，自信会自然而然地产生。

当代中国经济迅猛发展，综合国力迅速增强，从根本上为否定某些人所谓的文化优劣之说提供了有力的物质支撑。我国综合国力迅猛发展有如滚滚春雷一样，足以让习惯于在各方面仰人鼻息者从迷梦中惊醒。传统文化理论体系的厘清和确立，将会如喷薄而出的朝阳一样，扫除久久盘踞在人们心中的精神雾霾，让从近代以来一直在中国兜售形形色色所谓先进文化的人逐步失去市场。

三、以文化人

中国传统文化中，“文化”的意思就是用“文”来“化”人，通俗地讲，就是用规矩塑造人。这里所说的“文”，就是中国传统哲学理论以及由此发展而来的各种价值判断。

我们知道，中国传统哲学最基本的理论是阴阳理论，毛泽东认为是两点论；与之相对应的西方哲学基点理论是本体论，毛泽东认为是一点论。宗教是哲学的一种表现形式，不同的哲学基点发展出不同的宗教。中国宗教是众神教，神是处于高维度的客观世界管理者；西方宗教都是一神教，神是世界创造者和主宰者。

由于最基础理论的差异性，导致中西方文化的差异不仅是语言符号、表达方式、风俗习惯等表象和形式的不同，而且在价值判断上也表现出很大差异。

基本哲学理论就像是一颗种子，由此生发成文化这棵大树，语言符号、表达方式、风俗习惯是它的枝叶、花朵、果实，价值判断是它的主干。这种生发一经完成，就成为一个民族或国家的灵魂，它具有很强的生命自持力，即使经过社会制度变革风暴的激烈冲击，也很难发生根本性改变。

宗教在西方社会具有举足轻重的地位，可以说是西方文化的重要组成部分。欧洲 14 世纪的文艺复兴和 18 世纪大革命都是以反对教会为最初目标，但是最终并没有动摇教会在西方文化中的地位。人们实际反对的是教士扮演世俗社会角色，教士享有太多的特权，霸占最有势力的地位；也就是说，反对的是宗教的政治性作用，并不是反对宗教的文化性作用。法国历史学家、政治家、社会学奠基人阿力克西・德・托克维尔在其著作《旧制度与大革命》中提出：大革命是为了摧毁宗教信仰的权威才发生的，然而它的实质是一场社会政治革命。

中华传统文化在近代社会变革中的经历也可与之对比，可以把西方宗教在社会变革过程中的命运起伏作为参照。只是现在我们的文化概念过于宽泛与模糊，文化变成物质与精神的总和，无所不包，这给一些人在文化问题论述过程中偷换概念以极大的方便。文化与政治、文化与陋习、文化与本能等关系无法厘清，诡辩者就能够上下其手，无论怎么说都可以得到预设的目的，正面辩解反而变得很不容易。仅从这点来说，现代汉语规范化工作很难说是成功的，因其过程中受非文化本身的影响太深，指导思想出现了很大偏差。

中华传统文化的基本理论在八千年前的伏羲氏时期已经基本成型，到西周时期发展成熟，在东周春秋战国时期呈现百家争鸣的繁荣局面。东周以前，中国社会的政治体制都是天下共主的邦国体制，传统文化外在形式和邦国体制形成很好的适应与融合。接下来两千多年，中国社会的政治体制基本上都是中央集权，为了适应中央集权的体制，虽然历代文化学者对传统文化做了适应性发展和修正，但是其哲学基础和价值取向并未发生根本性改变。

从1840年的鸦片战争起，到1949年新中国建立，中国经历了百年屈辱，政治的腐败导致外敌入侵，西方列强对中国肆意侵略、殖民。在此社会背景下，有识之士既反对腐败无能的政府，又进而对传统文化进行强烈抵制，认为传统文化是导致政治腐败、社会落后的根源，以至于提出废除汉字、废除中医、文化全盘西化等主张。

这种声音一直延续到上世纪八九十年代才逐渐消退，但至今仍有一定的市场。

造成这种现象的根本原因是科学技术、经济上的落后严重挫伤了国人的民族自尊心。历史进入新世纪，我们经过几十年艰苦奋斗，经济和社会都取得了长足进步，外在强烈的反差逐步消除，我们的心态逐渐趋于平和，全社会对传统文化有了重新的认识。用亨廷顿的话说，就是开始了对本土文化的自我伸张。

在东亚，中国文化影响至深，汉字曾经是日本、韩国、越南等国的官方文字。在近代，西方国家崛起，并发动全球范围的侵略和殖民，东亚各国都有全盘西化的打算，其中去汉字化就是最明显的标志。日本在 1948 年提出去汉字，但是并未真正实施；韩国在二战后李承晚时代废除汉字；越南在 1945 年胡志明颁布废除汉字命令。

时至今日，由于文化传承等原因，韩国、越南等国家又提出恢复汉字的计划，网民对此颇有微词。其实当时，中国人也在激烈讨论废除汉字事宜，甚至在 1960 年左右，在山西省万荣县出现了全拼音化报纸试点工作。

汉字是中华传统文化的标志符号，汉字的废除与兴起与我们的综合国力息息相关。西方哲学发展诞生了现代科学技术，这使得西方哲学一度成为标准的哲学模板。中华传统哲学理论是否需要留存和发展，取决于它是否能够引领现代科学技术新的进步。

中华传统哲学理论能否引领起现代科学、技术新的进步？答案是肯定的，我们将在后面的讲座中详细分析解读。可以肯定地说，中华传统文化的“化人育人”作用、推动社会发展作用永远不会过时，就像黄河之水奔流不息。中华传统文化在中华民族伟大复兴的历程中，必将发挥愈来愈重要的作用。

第二讲 象形文字

文字是文化的主要载体，汉字是中华传统文化的柱石，是中国人的重要标识。以上这些说法估计大家都没有多少异议，但是我们今天提出要重新认识汉字的说法，很多人就会产生疑问了。我们从进入幼儿园就开始学习汉字，到中小学阶段认识的汉字基本上达到五六千个之多，能够运用自如地记录生活、表达思想，成年人就更不用说了。那么，我们今天真的需要重新认识汉字吗？

一、重新认识汉字

我们先看看下面一段话。“麦哲伦不惧怕风暴，完成环球航行的壮举，从此人类走出天圆地方的误解。”这是某广播电台的公益广告词片段。大家觉得有什么问题吗？可能没有感觉有什么问题吧，而这正是问题所在。

“天圆地方”一词出自《大戴礼记·曾子·天圆》，原文是曾参和他的弟子单居离的对话。曾参说了这样一段话：“参尝闻之夫子曰：‘天道曰圆，地道曰方，方曰幽而圆曰明；明者吐气者也，是故外景；幽者含气者也，是故内景，故火日外景，而金水内景，吐气者施而含气者化，是以阳施而阴化也。”

这段话表明，“天圆地方”的概念最先是由孔子提出的，是一个哲学理论而非天文地理学概念。“天圆地方”是阴阳理论的一种体现，阴阳理论就是中国哲学的基石。

道家创始人老子“万物负阴而抱阳”的观点，是天圆地方的另一种表述。西汉辞赋家、哲学家扬雄撰《太玄》，是对道家思想的继承和发展，他认为：“圆则杌棿（wù ní），方为吝啬。”“圆”，指天；“杌棿”，指动荡不定。“方”，指地；“吝啬”，指收敛。“圆则杌棿，方为吝啬”，合起来就是说，天圆则产生运动变化，地方则趋向收敛静止。道家把这一理论运用于人的修养：天圆，思维不拘泥才能广博通达；地方，行事多周全才能稳重严谨。

我们再回到前面那段话：“麦哲伦不惧怕风暴，完成环球航行的壮举，从此人类走出天圆地方的误解。”这是某广播电台为了表达自己“不墨守成规，不偏执己见，与真理为伴”的高昂姿态。认为中国自古就没有哲学，中国古人的观念大多数是不靠谱的，这恐怕是近代以来学界的一个“偏执己见”吧，每每拿出中国古人言论与西方观念作比对，得出不能“墨守成规”的结论，以标榜自己“与真理为伴”，恐怕也是一种时髦吧。

具有讽刺意味的是，麦哲伦不惧怕风暴的环球航行不是去追求诗与远方，更不是去做科学考察。1519 年，麦哲伦带着从监狱租借来的一批罪犯作为船员组成船队，去帮助西班牙人与自己祖国葡萄牙争夺殖民地。1521 年，他们历尽艰辛来到宿务岛（菲律宾南部岛屿），用廉价商品和当地居民换取欧洲人喜爱的香料，如丁香、豆蔻、肉桂等。在菲律宾期间，麦哲伦向当地人宣示武力，传播基督教，他本人则成为当地新教徒的靠山。为了达到殖民统治的需要，麦哲伦积极插手当地各个部落之间的内讧，以庇护者的姿态屠杀村民、烧毁村庄，在参与部落冲突中被当地人用斧头砍死。麦哲伦船队带回西班牙的香料获利不菲，菲律宾被西班牙殖民者所觊觎，1543 年西班牙人把菲律宾中部诸岛取名菲律宾，向当时西班牙王子菲利普二世致敬。1565 年，来自墨西哥的西班牙人侵占并统治菲律宾达三百多年。

2019 年 2 月 11 日，菲律宾总统杜特尔特在菲律宾南部布卢安镇主持活动时说："我们无可奈何地被称为菲律宾，这是因为麦哲伦使用国王菲利普的钱发现了这块土地。不过没关系，有一天我们可以换掉它。"他表示，有朝一日他可能把菲律宾这个国名改为"马哈利卡（Maharlika）"，意思是"贵族"或"自由人"。

作为近代饱受西方殖民伤害的中国人，片面宣扬西方殖民历程为壮举，真的很有意义吗？刻意裁量中华传统哲学观念来和西方某些做法作对比，显示愚昧落后和文明进步的区别，以达到抬高与贬低的目的，这就是真理吗？如果这种声音充斥国人耳中，文化自信永远都是虚无缥缈的空中楼阁。

中华传统文化古籍就放在那儿，静静地等了两千多年，你只要随便拿起来翻一翻，也不至于出此“洋相”。

抛开古人的哲学论述，我们从汉字的角度再分析一下“天圆地方”。这是一种形象化的比喻说法，中国古人用形象的概念来叙述抽象的道理，用诗一样的语言来阐述深刻的哲学理念，这是中国古代文字使用的一个基本特征。这就是我们提出重新认识汉字的理由。如果不这样做，中华传统文化的经典著作我们恐怕难以读懂，传统的传承和弘扬恐怕就要出现偏差了。

方，甲骨文字形为，《说文解字》：方，并舟也（两条船并排行进）。

圆，甲骨文字形为，鼎口的形状；《说文解字》：圆，圜全也（完整封闭的弧圈）。

鼎口一样无边角的形状为圆，多条河流汇集为方。圆是浑然一体，方是多样并存。

如果说“圆”字是象形造字，“方”字极有可能是假借造字，最初的本义并不是我们今天所谓的矩形，所以并不是使用类似“□”的符号。

我们要承认，在一定的历史时期，我们的科学技术水平落后于西方，造成这种问题的主要原因是清末统治者的腐化，整个国家管理阶层不思进取。这也最终导致近代中国被西方帝国主义列强侵略、殖民的悲惨结果。更为悲惨的是，清末以来，很多学者甚至是著名学者认为中国传统文化一无是处，需要全盘西化。这种论调长盛不衰，逐渐侵蚀了我们的思想，甚至使我们失去了基本的辨别能力。正如上一讲所述，“文化”一词的概念与中华传统文化已经没有多大关系，这还不足以引起我们高度的关注和深刻的反思吗？

古人云：“格物致知。”格物致知到底是什么意思？先秦时代，古人对“格物致知”这句话并未做过多解释，原因可能是在象形文字时期，这句话的意思是很明了的。汉代以降，由于文字传承断层等原因，人们对它的理解出现了分歧。

东汉郑玄为《大学》作注时，对“格物”解释说：“格，来也；物，犹事也。其知于善深，则来善物；其知于恶深，则来恶物。言事缘人所好来也。”（《礼记·大学》，《十三经注疏》本）这种把“格”训为“来”，将“格物”训为“来善物”、“来恶物”的解释，是有悖于《大学》作者原意的。对此，章太炎曾尖锐地指出，若遵循郑注，则“因果相倒”，因为《大学》本文的顺序是“物格而后知至”，而郑注以为“知于善深则来善物，知于恶深则来恶物”，将“致知”置于“格物”之先，不合经典原义。

北宋时期，理学家程颐、朱熹对“格物致知”有了新的解释。程颐认为：“格犹穷也，物犹理也，犹曰穷其理而已也。若曰穷其理云尔。穷理然后足以致知，不穷则不能致也。”朱熹认为：“所谓致知在格物者，言欲致吾之知，在即物而穷其理也。”（《大学章句·补传》）程朱都将“格”解释为与“穷”义近似，即推究、穷尽的意思。训“格”为“穷”，从文字学角度无法理解，也找不到其他体例佐证。

明朝思想家王阳明根据前人解释，认为天地万物皆有至高道理，需要格物才能学到，这是一种类似于宗教顿悟的说法。于是他就选择自家院子里的竹子开始了自己的“格物”尝试，静坐观察七天七夜，结果却一无所获，还因此生了一场大病。

我们今天尝试从文字的角度，对“格物”进行解释。先看看“格”字的字形：左边是一个“木”，木在象形文字时期就是指树；右边是一个“各”，各是略的本字，进犯、侵占之义。《说文解字》：“格，木长儿。”用白话文讲就是“树高枝长的样子”。

树是多年生植物，只要不死就会不断地生长，向上、向外开枝散叶而不断占据一定的空间，从而形成各自特有的树貌，这就是“格”。各种树木在出生时，幼芽差别并不大，长成以后却形态迥异，这是由各自的物种内因和环境影响造成的。总的来说，同一种树外观上具有明显的相似性，即类似的“格”。我们把相同的树归为一类，起上名字，以抽象的概念代替具体的物种，从而开始理性认知阶段。

有人说中华传统文化是神秘、感性文化，西方文化是理性文化。理性能导致科学思维，现代社会最基本特征是科学，中华传统文化不可能产生科学，全盘西化思潮的理论基础恐怕就在于此。这是在弘扬中华传统文化时，需要面对的一个不容回避的重要命题，我们在以后的章节中详细论述，这里重在说明重新认识文字不是可有可无的事情，不是穷极无聊钻进故纸堆里玩游戏。

理性是什么？理性指属于概念、判断和推理阶段的认识。德国哲学家康德、黑格尔认为，理性是通过辩证思维将各种抽象规定综合起来把握事物整体的思维过程和结果。难道“格物致知”表达的不是同样的内涵吗？不同的是表述方式而已。

对古文字认知存在的问题在今天就更多了，我们再举一例。《论语》有云：“学而不思则罔，思而不学则殆。”这是入选我们初中语文课本的古文。课本解释是：只学习不思考就会迷惑无所得，只思考不学习就会疲倦无所得。这是标准答案，需要背诵以应付考试。但这样的解释是典型的用现代汉语解读古文字的做法。

学，古人特指学生在课堂交流理论知识。念他为想，自虑为思，思，就是形成自己的价值判断。

古人表达危险有危、厉、殆等多个文字，使用多个文字的原因是为了表达各不相同的危险。危，是环境造成的险情；厉，是不可预知的险情；殆，是由于自己的主观行为造成的险情。

我们清楚了学、思、殆这三个文字的确切含义，“学而不思则罔，思而不学则殆”一句话的意思就是这样的：一味接受别人的观念而不能形成自己的判断，就会陷入无所适从的境界；过分坚持己见而不能吸取别人的意见，就会陷入类似抱残守缺、冥顽不化的危险。

“殆”字在先秦文献中出现很多。《孙子兵法》曰：“知己知彼，百战不殆。”是说了解自己的同时也要了解对手，在激烈的战争对抗中就不会做出错误的决策而导致危险。有人把这句话改成了“知己知彼，百战百胜”，这显然把情报工作的作用无限夸大了。知己知彼虽然不能够确保百战百胜，但是可以在险恶的环境中正确应对，比如在战斗中打得过则打，打不过则退。“知己知彼，百战不殆”这句话里，

“殆”字所指的危险，显然是因自己错误决策而导致的危险，而不是外在环境所施加的危险。

二、汉字的发展演化

我们知道，汉字演化分为古文字和隶楷书两个阶段，也可以简称为文与字两个阶段。这两个阶段对应的历史时期正好是先秦和西汉以降。

我们在上一讲提到什么是“文”，这里有必要再说一下什么是“字”。

字，金文字形是=（宀，“安”的省略，指男子盖房娶亲）+（子，后代，子嗣），表示女子出嫁后生育后代。除了成语“待字闺中”还使用本义以外，现在很少见到本义的使用之处了。也就是说，古人假借“字”作为记录语言的符号，而它的本义却几乎消失了。

《说文解字·叙》:“仓颉之初作书，盖依类象形，故谓之文，其后形声相益，即谓之字。文者物象本，字者言孳乳而浸多也。”

仓颉开始创造记录语言的符号，估计是按照事物的共性特征模拟样子，因此称这些符号为文，是一种刻画的图案。随着文的累积，用某些文做共性特征符号、某些文做读音符号，进而创造出新的文，因为它是由文衍生而来，取其衍生之义，就称这种文为字。文是用事物的共性特征为基础创作的，字所以被称为字，是因为它是由文用非原本的方式繁殖培育、引入新的理念浇灌而增加形成的。这里的“孳乳”“浸多”都是比喻的修辞手法。

唐朝张怀作有《文字论》，论曰：“文字者，总而为言。若分而为义，则文者祖父，字者子孙。察其物形，得其文理，故谓之曰文；母子相生，孳乳浸多，因名之为字。题於竹帛，则目之曰书。字之与书理亦归一因文也者，其道焕焉。日月星辰，天之文也；五岳四渎，地之文也；城阙翰仪，人之文也。”

远古人类长期只有口语传递信息，用文字记事传递信息形成的书面语历史较短，文字使人类进入有历史记录的文明社会。把时空的影像变化转码成视觉可见的符号系统，使后人能通过间接的文字想象出画面，了解历史和学习技术经验。文字因而成为文化的主要载体。

文字突破了口语的时间和空间限制，使人类可以在书面语的基础上完整地传承先人的智慧和精神财富，使人类能够完善教育体系，提高自己的智慧，发展科学技术，进入文明社会。

汉字演化经历了古文字和隶楷书两个阶段，这两个阶段并不是顺利过渡的，而是出现了文字传承的断裂。

《汉书·艺文志》记载，武帝末年，“鲁恭王坏孔子宅……而得古文《尚书》及《礼记》《论语》《孝经》凡数十篇，皆古字也”。《史记·儒林传》记载：“孔氏有古文《尚书》，而安国以今文读之。”由此可见，孔子时代的书籍还是采用古文字，但在孔子身后不足四百年，世人已经基本上不懂古文字了。

《汉书·郊祀志》记载：汉宣帝在美阳发现古鼎，大臣多数认为

“宜荐见宗庙”，而“张敞好古文字，按鼎勒铭而上议曰：此鼎殆周之所以褒赐大臣，大臣子孙刻铭其先功，臧（藏）之于宫庙也。……不宜荐于宗庙。”

由此可见，西汉时期文字传承出现断裂的痕迹是很明显的。

东汉时期许慎先生的《说文解字》无疑是一部伟大的经典，但是未能全面揭示所有古文字的含义，后人使用中往往会产生支离感，这也导致后来的学者对传统文化经典的误读。

我们知道，东周时期中华大地上出现了长达四百多年的诸侯争霸、七国称雄的割据混战。秦统一全国以后没多久，又出现七年的秦末战争。秦统一文字是汉字发展演化过程中的重大事件，政治体制的变更使多国并存的文字传承得以统一，也带来文字传承的单一途径。正所谓福祸相依，这可能是文字传承出现断裂的重要原因。

如果说这次文字传承断裂是由于战乱、政治等外在原因造成的，那么近代以来的去汉字化运动则是由文化学者亲手推动的、学术圈子内部的自戕行为。

三、文字的发展危机

历史在危机中曲折前进，汉字的发展演化也是一样的。

我们知道，汉字不仅是中国人使用的语言符号，在东亚各国也是影响深远，历史上在日本、韩国、越南等国也是作为官方文字使用。后来日本发明假名，减弱了汉字使用；韩国和越南废弃汉字，采用了表音的文字符号。究其冠冕的理由，无非是为了推动科学技术的发展。然而科学技术解决不了所有的问题，近年来，由于文化传承中断等原因，韩国和越南又准备恢复使用汉字。

15 世纪朝鲜研究音韵，创造出自己的表音文字，称为“训民正音”，试图去汉字，这与当时大明王朝的衰落有很大关系。二战以后，李承晚推行废汉字政策，韩国的官方文字全部由汉字变为谚文。朴正熙时期（1961—1979）禁止中小学生学习汉字。仅仅过去了几年，1983 年，韩国向联合国教科文组织申遗汉字，估计是为以后恢复使用汉字做铺垫工作吧。

从韩国去汉字到恢复使用汉字，这个活生生的例子使我们很容易看出：文化传统是一个国家生存发展不可或缺的精神内在动力，文字这个文化传统的主要载体不可轻易变更。

我们形容某件事使人非常震惊或感动，经常用到一个词语：惊天地泣鬼神。《淮南子 · 本经训》:“昔者仓颉作书，而天雨粟、鬼夜哭。”唐代张彦远《历代名画记》:“造化不能藏其密，故天雨粟；灵怪不能遁其形，故鬼夜哭。”由此可见，汉字的出现，是中华民族发展史上“惊天地泣鬼神”的大事。

近代以来，这件“惊天地泣鬼神”的大事，差一点淹没在历史长河的喧闹之中。就其当时所处的社会环境而言，汉字最后能够顽强地生存下来，实在称得上是一个奇迹，也是中华民族的大幸运。

1918 年，钱玄同在《新青年》四卷四期上发表《中国今后的文字问题》一文，这是以写给陈独秀的信的形式发表的。他在文章中说：“废孔学，不可不先废汉文；欲驱除一般人之幼稚的、野蛮的、顽固的思想，尤不可不先废汉文……此种文字，断断不能适用于20世纪之新时代。……欲使中国不亡，欲使中国民族为20世纪文明之民族，必以废孔学、灭道教为根本之解决，而废除记载孔门学说及道教妖言之汉文，尤为根本解决之根本解决。”

陈独秀的答复是：赞成废除汉字，不赞成废除汉语，认为“唯有先废汉字且存汉语，而改用罗马字母书之”。这可能是汉字拼音化最早的公开言论。

胡适认为：“凡事有个进行次序。我认为中国将来应该有拼音文字，但文言中单音太多，决不能变成拼音文字。所以必须选用白话文字来代替文言文字，然后再把白话文字变成拼音文字。”

白话就是口语，白话文是相对书面语而言，白话文运动也不是在近代才出现的。白话文运动在历史上大概发生过两次，第一次是唐宋时期，我们所熟知的唐宋八大家就是这一次白话文运动的代表人物。因为当时的书面语不能够适应社会和文化的发展，所以这一次白话文运动适应了汉语发展的内在需要，繁荣了汉语文体，对推动汉语的发展起到了积极作用。

第二次白话文运动发生在近代。这一次白话文运动既有汉语发展的内在需要，更是受到外来势力的逼迫所致，有很大被动性，所以就有很大的盲目性。从正面意义上讲，它使教育得以普及，制定了一套既符合白话文又不失传统文言精华的语法、语义标准。同时，它是废除汉字、汉字拼音化这一整体规划的前半部分，也是这次白话文运动的主要目的。我们从胡适的话语中能够清晰地感受到这一点。

1935年，文化界人士蔡元培、鲁迅、郭沫若、茅盾等683人提出《我们对推行新文字的意见》。《意见》中说："中国已经到了生死关头，我们必须教育大众，组织起来解决困难。但这教育大众的工作，开始就遇到一个绝大难关。这个难关就是方块汉字，方块汉字难认、难识、难学。……中国大众所需要的新文字是拼音的新文字，现在已经出现了。"

傅斯年主张用罗马字母的拼音文字拼写汉语。他认为：汉字绝对地应当用拼音字替代；汉语绝对地能用拼音文字表达；汉字绝对地不可能无须改革而用别种方法补救；"只有根本推翻，没法补救"。

《瞿秋白文集》第二卷："我们必须完全脱离文字的束缚——这种文字真是世界上最龌龊、最恶劣、最混蛋的中世纪的茅坑。"

鲁迅在《关于新文字的答问》中说道："汉字不灭，中国必亡。"他认为："这种方块汉字，真是愚民政策的利器。……汉字也是劳苦大众身上的一个结核，病菌就潜伏在里面。倘不首先除去它，结果只有自己死。"

新中国建立以后，废除汉字的呼声并没有停止。吕叔湘是《现代汉语词典》的主编，他在20世纪80年代还认为"电子计算机是汉字的掘墓人","汉字行将就木"。"拼音文字能机械化，汉字不能机械化。"（《吕叔湘文集》第四卷，第91页）"汉字加文言，配合封建社会加官僚政治，拼音加语体文配合工业化社会加民主政治——这是现代化的两个方面。"（《吕叔湘文集》第四卷，第116页）"现在通行的老宋体，实在丑得可以，倒是外国印书的 a，b，c，d，有时候还倒真有很美的字体呢。”（《吕叔湘文集》第四卷，第 113 页）他的结论就是，汉字不能面向世界、面向未来和面向现代化。（参见《吕叔湘文集》第四卷，第 134—138 页）由此看来，《现代汉语词典》中许多词语定义义项与词语本身毫无关联，是情理之中的事情。

中国汉字拉丁化的权威刊物《语文现代化》丛刊 1980 年第一期宣告 ：“方块汉字在电子计算机上遇到的困难，好像一个行将就木的衰老病人。”“历史将证明 ：电子计算机是方块汉字的掘墓人，也是汉语拼音文字的助产士。”

1984 年，美国洛杉矶奥运会，国外有报道称 ：“在全世界报道奥运会的 7000 名记者中，只有中国人用手写他们的报道（法新社洛杉矶 8 月 5 日电）。”

然而计算机的发展并没有按照某些人的预想前进，五笔字型的发明大大提高了汉字输入速度，微机特别是笔记本电脑的普及使西文打字机输入速度的优势荡然无存。随着计算机的进一步发展，汉语被认为是人机对话的最佳语种。

很多年轻人没有见过键盘式中文打字机，这种打字机在上世纪 80 年代以前存在过。这种打字机字盘上排列着密密麻麻几千个汉字铅模，整体有一两个平方那么大，搬动恐怕要用汽车。比起轻巧得可以放在公文包里随身携带的外文打字机，按照某些人的说法，实在是土得掉渣。

汉字能够逃脱主流学者长达半个世纪的绞杀，实属万幸，我们今天还能够使用汉字，恐怕是仓颉在天之灵的保佑。真正悲哀的不是科学技术落后，而是各位仁人志士的民族自尊被一架键盘式外文打字机就轻松地击垮了。

80年代中期，我们当年上中学的时候，初中语文课本上还赫然写着："汉字最终会走上拼音化道路！"进入90年代，微机普及和五笔字型汉字输入法的发明，让汉字拼音化的说法在正式场合销声匿迹。当然，不排除一些喜欢标新立异者偶尔热一下历史的剩饭残羹，然而时过境迁，已经没有多少人随声附和了。

许多网友对韩国恢复使用汉字颇有微词，如果你了解一下中国去汉字化运动的过程就会心平气和了。我们不需要对汉字的重要性做长篇大论，事实胜于雄辩，活生生的例子就摆在面前。

"文化自信"不是无的放矢的口号，而是当今我们中国人必须深刻认识的历史教训。一个时期以来，人穷志短，我们的学者群体自尊心脆弱到无以复加的地步，价值观内在化原本是中华传统文化追求的基本精神，但在文字问题上却表现得荡然无存，以至于差一点铸成中国人自己废除汉字的"惊天地泣鬼神"的大错。而这种价值观外在化的遗患至今仍然存在，深入当今中国社会生活的方方面面，已然成为习惯，成为自然！

今天，我们需要对白话文运动中激进而偏颇的部分进行深刻反思。阅读法国思想家、历史学家、社会学家托克维尔的《旧制度与大革命》一书，我们很容易得到如下启示：

在社会变革中，文化是距离文化人最近的、最直接对立的上层建筑部分。同时，文化又是整个上层建筑最外露、最缺乏防御的部分，因此文化人进攻便从这里开始。近代学者面对西方侵略与殖民的屈辱，一腔爱国热情很容易迸发出公众激情，这种公众激情很容易伪装成哲学，进而发展成为激情行动的指导纲领。大家往往简单地认为，仅仅依靠理性能力，就可以对纷繁复杂的社会进行一次全面而突然的改革，这是非常危险的。因为理性的概念和判断是受环境制约的，看似完美的推理往往会得出并不正确的结论。人们在一开始真正反对的往往不是文化本身，而是占有文化话语权的特权阶级，特权阶级被打倒以后，文化本身就需要重新审视。欧洲文艺复兴和大革命一开始都是针对教会发起的斗争，斗争结束以后，宗教并没有被废除而是得以恢复，继续在社会生活中发挥着不可替代的巨大作用。

近代学者对西方文化推崇备至，西方启蒙运动的学者却对中国文化大加赞赏。他们认为中国人用科举制度决定一切官职是最合理的制度，哲学是中国的宗教，文人是中国的贵族。

需要反思的是，为什么西方的启蒙运动引发的大革命并没有废除自己的宗教，而中国新文化运动却一心要置传统文化于死地呢？西方的大革命是自发进行的社会变革，而中国的新文化运动是迫于亡国的压力而进行的救亡图存运动的一部分，所以外在因素淹没了文化自然发展的内在因素，导致行动最终走向极端化。

四、结论

我们所说的重新认识汉字，包括对汉字的起源、发展、演化都要有一个重新的审视。唯有这样，才能纠正现代汉语表达能力弱化的问题；唯有这样，才能从文字这个载体出发去深刻领会中华传统文化全部内涵。

象形文字是汉字的初始，它以形象化的表意为最基本特征。所以无论是中国古代哲学经典，还是诗词歌赋，都具有形象生动、感人至深的特点。日本人想要去除汉字，却对国学经典诸如孔孟老庄哲学、唐诗宋词爱不释手。反观我们的现代汉语工作，对汉字强行进行抽象化定义，使汉字特有的表达力几乎消失殆尽。

大家为什么喜欢唐诗宋词呢？我们仅从文字表达方面来说，唐诗宋词用最简短的文字所展现出来的生动画面感，使每一位读者都获得准确完美的心灵沟通体验。至于韵律的美感、便于传唱的特点，都是因为有心灵沟通体验作为内涵。

文字是文化最主要的载体，它的功能是使文化在时间上实现代际传播，在空间上实现远近交流。中华传统文化的核心思想成熟于先秦时期，我们想要全面准确了解中华传统文化，如果不能做到文字这个载体的同一性，是不可想象的。也就是说，现代汉语定义的汉字与古人所使用的汉字看似同一个字，但是意思恐怕不尽相同。文化自信是建立在对文化内涵全面了解基础上的由内而外的自信，是基于对比优势油然而生的自豪感，是坚信它能够承担起国人灵魂救赎与民族发展繁荣的理性自觉，而要做到这一切，我们先民发明的最具有生命力和表现力的汉字就是我们最主要的工具。

“学而不思则罔，思而不学则殆”，把这一句古训引用于汉语言文字现代化发展上也是很恰当的。在当今社会，科学技术发展是体现民族生命力的主要特征之一，现代汉语自然要承担起总结经验、推动生产技术发展的重任，汉字需要在语言的精密与完善、思想的精确与发展方面展现出它的适应性。我们需要借鉴世界各国文字的优点与长处，推动汉字继续发展完善，这个工作需要建立在文化自信的思想基础上才能够完成。

第三讲 五行八卦

德国哲学家黑格尔说："哲学若没有体系，就不能成为科学。没有体系的哲学理论，只能表示个人主观的特殊心情，它的内容必定是带偶然性的。"

2016 年，科技部和中宣部联合印发《中国公民科学素质基准》的通知，它提出 26 条科学素质基准和 132 个基准点，其中第 1 条基准的第 9 个基准点内容是："知道阴阳五行、天人合一、格物致知等中国传统哲学思想观念，是中国古代朴素的唯物论和整体系统的方法论，并具有现实意义。"

此文件发布以后，犹如一石激起千层浪，在社会上引起很多争议和辩论。我们首先要表明观点，就像社会上针对文化的很多争议一样，这些争议和辩论是没有意义的。为什么这样说呢？关于中华传统文化的辩论往往是这样的：正方认为能够流传下来就有合理性，反方认为它不符合科学。说它没有意义，是说辩论的结果不会产生任何效果，正方没有提高认识，反方也无法否认事实。造成这种问题的原因是，无论正方还是反方都没有真正理解这些文字所表述的理念，辩论双方都陷入了“稻草人的谬误”。“稻草人的谬误”是指论证过程中逻辑结构错误之外的错误，论证的前提与结论之间毫无逻辑关联。比如说：“人为什么要吃饭？因为人不吃饭的话，种粮食的人就会赚不到钱。”

阴阳理论是中国哲学的基点，阴阳、五行不是平行理论，五行理论是阴阳理论的派生理论。更准确全面的表述应该是：八卦理论和五行理论都是阴阳理论的派生理论。没有八卦理论，这个理论体系将是残缺的。这是我们这一讲主要探讨的内容。

“天人合一”的思想是中国哲学的方法论，其中并没有任何封建迷信思想。天是自然界的主导，天代表自然界，人生存于自然界，人的生存规律和自然界是完全一样、别无二致的。从文字看，“合”字是指两相闭拢，就像茶杯盖和茶杯能够配套一样。“合一”就是完全一样、别无二致的意思。“天人合一”是说天运行的规律就是人应该遵循的规律，两者是完全一样的，人尽量要做到与天道完全契合，这才是正确的做法。

天人合一就是天与人合而为一，这是从文字角度的误解。另外有很多人对西汉时期董仲舒提出的“天人感应”之说与“天人合一”的思想分辨不清。关于天人合一的争论基本上由以上两点而来。

“格物致知”是儒家传统经典《大学》中的重要观点，“格”字本义是树木的外观形态，“格物”是用区分外观形态的方法入手区分事物，并对每一类事物进行提炼，得出抽象概念；然后利用抽象概念进行逻辑分析、推理，这就是“致知”。这种说法与今天大家引进西方哲学的“理性”概念有什么根本区别吗？

当然，从区分外观形态来区分事物是最初步的方法，古人还要进一步将具有不同外观形态却具备内在联系的事物进一步归类。在这一点上，我们的先民做得要比西方人好得多，或者说更加科学。

举例说明一下。实事求是，指从实际对象出发，探求事物的内部联系及其发展的规律性，认识事物的本质。这是科学精神的核心。山羊和绵羊在中国语言文字中都称为羊，公鸡和母鸡在中国语言文字中都称为鸡。在英语中，山羊是 goat，绵羊是 sheep；公鸡是 rooster，母鸡是 hen。以上两组词语都不存在相同的词根，造成了英美人在用英语表达中国十二生肖时不知道应该选用哪一个词语。

我们判断一下，汉语和英语在用抽象概念表达以上事物时，哪一种分类法更加接近事物的实质而非表面化呢？汉字采用核心词加上限定词的方法组成词语，是不是表明我们的先民在语言文字使用初期就对事物有深刻的理性认识？而汉语言文字使用方法是不是从本初就对事物的分类更彻底呢？这种科学性使中国人从牙牙学语时就开始了较深刻的理性判断，这恐怕是有人说中国人天生聪明的一个原因吧。显然这一点不是由种族原因造成的，而正好是由文化原因造成的。

1899 年，金石学家王懿荣发现中药“龙骨”上的甲骨文，开创了近代古文字研究的新局面。然而此时，亚洲各国开始兴起“去汉字化”的热潮，国内某些学者留洋归来，摇身一变成了汉语言文字专家，并以学贯中西的专家姿态在国内也提出“去汉字化”的言论。汉字的宗主国掀起“去汉字化运动”，使“去汉字化运动”犹如火上浇油愈演愈烈，几乎贯穿整个20世纪。

关于文字的问题，我们在上一讲已经详细说过，本讲的内容与此有关联，简单回顾一下，不再详细论述。我们这一讲主要探讨中华传统哲学理论的形成，即从阴阳理论到五行八卦理论的发展过程。

一、一画开天

远在大约八千年以前，中国社会主要的生产方式尚为渔猎活动，我们的先民就有了自己解读世界的总观点——阴阳，后世人也把它称为太极。伏羲氏是渔猎文明时期生活在秦岭北麓黄河流域的一个氏族首领，据说有一天，伏羲氏发现黄河中浮出龙马，龙马身上有斑点构成的图案，这个图案与自己一直思考的哲学问题惊人地一致，他就根据河图，以阴阳理论为先导理论，创立了八卦理论和五行理论，使中华哲学理论体系初步形成。后人评价伏羲氏：“一画开天，人文肇始。”南宋著名诗人陆游在诗作《读易》中对伏羲氏的评价：“无端凿破乾坤秘，祸始羲皇一画时。”

八卦，是为了表明人与社会的四种基本关系而提炼出来的八种事物，它们既是具体的事物本身，又是这些具体事物的基本特征。八卦分别是：天、地、山、泽、雷、风、水、火。人与社会的四种基本关系就是："天地定位、山泽通气、雷风相薄、水火不相射。"总结这四种关系并翻译成白话文就是：主次关系、普遍联系关系、共生关系、排斥关系。

天生五材：水、木、火、土、金。如果说八卦是以某个人为出发点来分析判断他与社会的关系，五行就是站在圈子外面对某个特定的社会群体内部彼此关系的分析解读，这个分析解读用一句话来说，就是阴阳平衡、相生相克。

世界上没有纯粹的事物，也不存在单纯的关系。为了更加贴近实际解读人与社会的关系，古人把八卦两两重叠进行排列组合，形成六十四卦。六十四卦应该也是伏羲氏时期诞生的，这个推论符合伏羲氏画卦的初衷。六十四卦就像是基本公式一样，给它赋予不同的因数，就呈现不同的结果。这个结果就是《易经》的诞生。

河图以十数合五方、五行、阴阳、天地之象。图中以白圈为阳，为天，为奇数；黑点为阴，为地，为偶数。河图以天地合五方，以阴阳合五行，所以图式结构分布为：一与六共宗居北方，因天一生水，地六成之；二与七为朋居南方，因地二生火，天七成之；三与八为友居东方，因天三生木，地八成之；四与九同道居西方，因地四生金，天九成之；五与十相守居中央，因天五生土，地十成之。与八卦中八种元素一样，五行是取水、木、火、土、金五种事物的最基本属性来进行抽象的理论研究。

有人认为，河图乃据五星出没时节而绘成。五星古称五纬，是天上五颗行星，木曰岁星，火曰荧惑星，土曰镇星，金曰太白星，水曰

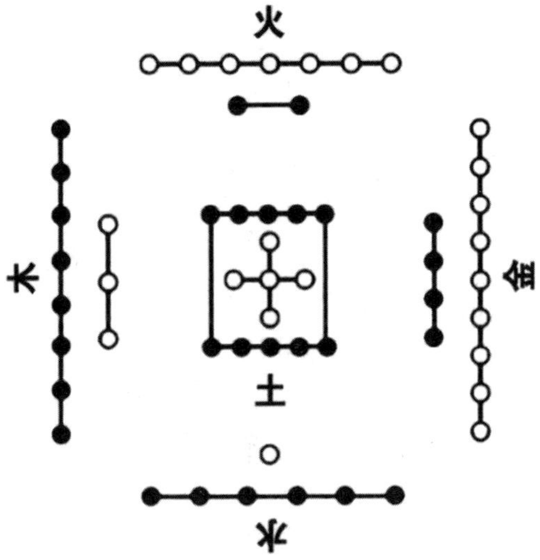

河图

辰星。五星运行，以二十八宿为区划，由于它的轨道距日道不远，古人用以纪日。五星一般按木火土金水的顺序，相继出现于北极天空，每星各行 72 天，五星合周天 360 度。

由此可见，河图与五星出没的天象高度一致。每年的十一月冬至前，水星见于北方，正当冬气交令，万物蛰伏，地面上唯有冰雪和水，水行的概念就是这样形成的。七月夏至后，火星见于南方，地面炎热，火行的概念就是这样形成的。三月春分，木星见于东方，正值草木萌芽生长，木行的概念就是这样形成的。九月秋分，金星见于西方，古人以金为兵器，万物凋谢，金行的概念就是这样形成的。五月土星见于中天，木火金水星皆以此为中点从地面上观测出来，土行的概念就是这样形成的。

据说，伏羲氏见到河图，叹为“两仪未泄之秘”。也就是说，阴

五行图

阳理论在伏羲氏时期已经形成并继续发展，伏羲氏依据阴阳理论并参照河图的启示，初步创作了次级理论——五行理论。从河图看，水火、金木处于相对位置，土处于中心位置。这个位置图表明，水为养，木为生，火为荣，金为杀，土载生养荣杀而居中，从顺时针方向看，基本是相生的顺序。河图中五行诸元素对立关系明显，甚至比统一关系更明确；在后来发展成熟的五行关系图中，诸元素对立统一的关系相得益彰。

从河图中直接产生的应该是五行理论，由于五行理论只是从研究者出发研究外界事物，其理论并没有把自己包含进去，所以理论体系并不完整，定位自己就成了进一步的需要。在定位自己的过程中，首先是确立自己与社会的四种基本关系，为了表明这四种关系，伏羲氏使用了八种属性鲜明的事物，即用形象化的事物表现抽象化的关系，这种做法与五行理论是完全一致的。从这个推理可以看出，如果说伏羲氏创立了八卦，那么五行理论也是他所创立的，这两个理论相互关联，与阴阳理论一起构成一整套完整的理论体系。学习易学必然要讲到伏羲氏一画开天的创举，虽然相关资料极其有限，仔细分析一下，也不难得出这个结论。

也许在伏羲氏时期中国人还没有完整的文字系统，但是哲学理论体系已经基本成型。有人认为文字是文明开始的标志，其实文字是为了表达需要而产生的语言符号，它必然后于语言的产生，或者说由于语言复杂化，文字必然应运而生。中国文明的诞生，应该从伏羲氏开始算起，因为这一时期形成了中华哲学理论体系，这个体系经过后世人发展演变，一直传承至今。

二、极致抽象

“抽象”这个词拉丁文为 abstractio，它的原意是排除、抽出。从具体事物抽出、概括出它们共同的方面、本质属性与关系等，而将个别的、非本质的方面、属性与关系舍弃，这种思维过程称为抽象。

我们对事物要进行深入研究，需要以经验事实为起点，单纯提取事物的某一特性加以认识。抽象以解答问题为出发点，通过对各种经验事实的比较、分析，提取研究对象的最主要特性。抽象过程是：分离—提纯—简略。

以上关于抽象的概念是大家熟知的，那么极致抽象又是什么？在此我们暂且制造一个概念以示区别，极致抽象是在终极理论指导下的抽象，它既包含了事物本质的抽象总结，也描摹出事物发展变化的抽象过程，因此它得出的结论是普遍适用的，所以称为极致抽象。阴阳五行理论既包含本体论，也充分反映出过程论，所以它的适用具有普遍性，也就是说，研究世间一切事物都可以使用五行理论进行分析。本体论是西方哲学重要组成部分，过程论则是中国哲学特有的理论。

我们分析文献内容，推测五行理论是伏羲氏受河图启发而创造的。按照抽象规律，首先需要一个出发点，就是研究者想要解决什么问题；其次还有一个隐含前提，即研究者是在什么理论指导下进行研究的。为什么伏羲氏看到河图就能够创立五行理论呢？机会留给有准备的人，伏羲氏心中有问题想要解答，这个问题就是基于阴阳理论对客观世界的进一步理解。

构成五行的元素是水、木、火、土、金。其中木就是我们现在所说的“树”，代表一切生命，水、火、金代表生命的状态，土代表生命存在的基本条件——大地，以此构成生命在天地之间循环的基本规律。在最初的五行理论中，更注重对立统一，所以水、火相对，代表衰与荣；木、金相对，代表生与死；土为大地、为承载，是生命活动的环境条件。与西方人本体研究不同的是，中国人既研究本体，更注重过程，这就增加了一个思考维度。

五行理论进一步发展，把水、木、火、土、金五个元素对等起来，构成了五种元素相生相克的五行思想。距今 4500 多年前的黄帝时期，我们的先民依据阴阳五行理论创立了中医。中医理论认为人体五脏六腑是一种相生相克的平衡关系，所谓疾病就是系统失衡，所谓治疗就是通过各种方法的辅助，使系统重新恢复平衡。

现代人学习西方的生物学，其中有一个生态学分支。生态学是研究生物体与其周围环境（包括非生物环境和生物环境）相互关系的科学，五行理论起源就是生态学，它是中国的生态学。它与西方生态学不同之处在于：一是以阴阳理论为先导，辩证是其坚实的基础，所以重视生克平衡关系；二是进一步抛弃具体生物，系统中只保留了一个更加抽象的生命象征——木，所以代表性最广泛，适用性更普遍。

五行理论不仅是生物体之间的平衡，它依托阴阳理论进一步扩充到生命体与最基本环境——天地之间的平衡，即天生地成，地生天制。这样一来，它的普遍性得到了保证，所以可以应用到一切事物的研究之中。

生态学的一般规律大致可从种群、群落、生态系统和人与环境的关系四个方面说明，产生了食物链、竞争、互利共生、生态系统、物质循环、生物进化等理论，研究分类庞杂。

按照生物类别分，有微生物生态学、植物生态学、动物生态学、人类生态学等。

按照生物系统的结构层次分，有个体生态学、种群生态学、群落生态学、生态系统生态学等。

按照生物栖居的环境类别分，有陆地生态学和水域生态学；前者又可分为森林生态学、草原生态学、荒漠生态学、土壤生态学等，后者可分为海洋生态学、湖沼生态学、流域生态学等；还有更细的划分，如植物根际生态学、肠道生态学等。

生态学与非生命科学相结合，产生了数学生态学、化学生态学、物理生态学、地理生态学、经济生态学、生态经济学、森林生态会计等；与生命科学其他分支相结合，有生理生态学、行为生态学、遗传生态学、进化生态学、分子生态学、古生态学等。

应用性分支学科有农业生态学、医学生态学、工业资源生态学、环境保护生态学、环境生态学、生态保育、生态信息学、城市生态学、生态系统服务、景观生态学等。

研究越来越深入，越来越细化，这是西方科学的特征。整体性研究是中国传统文化的基本特征，五行理论可以涵盖生态学理论，而生态学理论缺乏宏观统一，适应性就受到限制。从这个意义上讲，五行理论就是极致抽象的理论。因为是极致抽象理论，所以能够像阴阳理论一样，指导和解读所有问题，而不仅限于某一个方面或领域。

我们都知道，中医基本理论就是阴阳五行理论。中医把人体看作一个有活力的整体性系统，所以反对头痛医头、脚痛医脚；有生必有制，天生百种疾病，地生百种药材，既不存在长生不老，也不存在无医绝症；生死有命，气血相成，执着于肉体本身永远无法揭示生命奥秘。

相对于西医的不断细化、更新，中医理论简单抽象而一以贯之，因为作为研究主体的人，无论是个体还是社会，从古到今没有任何改变；影响人的最基本环境，也是人生存的最基本条件——天地，它的规律从古到今也没有任何不同。

中国古人在远古时期就把五行理论应用于社会治理，我们在古代文献中很容易找到确凿证据。

春秋时期，从齐桓公开创霸业起，直到春秋中叶之末，晋楚两国裹挟各诸侯国争霸百余年，天下饱受战争之害，特别是地处中原的各小国，它们在晋楚两国的边境线附近。宋国的执政大臣向戌与晋楚两国的权臣赵武（即赵孟，又称赵文子）和子木（即屈建）都是好友，他就利用这种关系，在诸侯间发起弭兵运动。弭兵就相当于现在各国协商一致共同裁军。

鲁襄公二十七年（前 546 年），向戌先到晋国去游说赵武，赵武和众大夫商量对策，韩宣子曰："兵，民之残也，财用之蠹，小国之大菑也。将或弭之，虽曰不可（不能成功），必将许之。弗许，楚将许之，以召诸侯，则我失为盟主矣。"因而，晋国赞同向戌的倡议。向戌又去楚国，"楚亦许之"。宋子罕批评向戌，认为完全废武备是不行的："天生五材，民并用之，废一不可，谁能去兵？兵之设久矣，所以威不轨而昭文德也。圣人以兴，乱人以废，废兴存亡昏明之术，皆兵之由也。而子求去之，不亦诬乎？"这里的"天生五材，民并用之，废一不可"，就是说五行理论是天地之间的通行道理，去除一个环节就会出现社会管理失衡的问题。

东汉邓太后（邓绥）掌权时期，国家经济在严重的自然灾害之下获得复苏，社会渐渐安定，百姓安居乐业。她采纳班超之子班勇的进谏，通西域，抗匈奴，安定并州、凉州，使西线多年无战事。有人上书认为文德可兴，武功宜废，邓太后采纳，"寝蒐（sōu）狩之礼，息战陈之法"。数年后，"猾贼蜂起"。马融以为"文武之道，圣贤不坠，五才之用，无或可废”。元初二年，上《广成颂》以讽谏。

五行理论应用于社会，认为民生、国防、财富、体制、舆论五种社会元素（土、金、水、木、火）之间是相生相克的关系。五材互相滋养互相牵制，维持社会动态平衡，而这种平衡的稳定性就是社会的和谐程度，也是国家的稳定程度，国家抗击内外风险的能力。古人提出的小康、大同的观念就是基于此。

从字面上看，康庄，原为道路的通畅度，所谓五达为康、六达为庄；同者，众人喊号子协调打夯也。所以古人从社会和谐程度出发创造了小康、大同的概念。小康是初级水平的和谐社会，大同是高度协调的理想的和谐社会。

我们目前所说的小康与古人所说的小康意义不同，现代意义上的小康是指群众所享有的介于温饱和富裕之间的比较殷实的一种生活状态，并引用德国统计学家恩格尔的理论，把家庭收入中用来购买食物的支出所占的比例作为反映人的物质满意度。

外在物质化的指标无法反映社会内在的和谐程度。家庭的物质满意度并不能代表家庭的幸福感，更不能反映社会的和谐程度。所以把现代意义上的小康当作古代意义上小康的指标之一是比较合理的。

三、以人为本

《尚书》说“人为万物之灵”，是说人有沟通天地万物的力量。人研究天地万物，使用阴阳五行理论；人定位自己需要，从八卦理论入手。八卦不是八种事物，而是八种属性，这八种属性两两相对构成四种关系，《易经·说卦传》："天地定位，山泽通气，雷风相薄，水火不相射"。把这四种关系用现代语言叙述就是：主次关系、普遍联系关系、共生关系、排斥关系。这是人与社会的四种最基本关系，其他关系都可以包含进这四种关系之中，或者说是由这四种关系引申出来的。这种哲学思想从一开始就暗含社会主体是人、成败责任在我的意识。所以中国人自古就有尊重神灵却不依赖神灵的精神，用孔子的话说，就是"敬鬼神而远之"，这是中华传统文化的鲜明特色。

中国哲学既有永恒不变本体的研究，也注重事物变化过程的研究，相比之下，更注重过程论。所以，在研究社会科学时，中国人把研究对象锁定在人，把最富于变化、难以把握的人作为研究主体，而不是物质、技术、环境等相对静态的外在因素。中国哲学这样的研究方法与西方明显不同，也引起西方学者的误解，认为中国只有伦理学。

我们解释社会上的一切现象，都要加上一个主体，那就是人。比如说中等收入陷阱，从表象看，是收入数字统计的规律，一个国家的居民平均收入达到某一个数字，经济就会像掉入一个陷阱一样，停滞不前。从人这个社会主体看待这个问题，居民收入达到某种程度，消费对象会发生改变，为了适应这个改变，社会生产结构会发生变化，因而引发一系列社会问题，反过来又影响社会生产。人均收入达到中等发达水平时，住房成为主要的消费对象，房地产行业会异军突起。房地产的建设关系到土地规划、巨额资金的使用，这给权力寻租创造了极大的空间，所以房地产爆发式增长的利润足以影响和改变社会政治生态，足以影响和扭曲社会的收入结构。这种影响和改变会使国家产业结构失衡，甚至会使某些治理欠佳的国家产生政局动荡。一个政局动荡、产业结构失衡的国家经济发展必然会停滞。

比如说周期性的经济危机，简单地说，就是追求物质的欲望使人们好了伤疤忘了疼。经济危机是生产关系的危机，不是生产力的危机。商品大量积压，生产锐减，工厂大批倒闭，工人大量失业等现象背后是社会分配严重失衡。

2010 年 1 月 29 日，世界经济论坛冬季年会在瑞士达沃斯举行，詹姆斯·卡梅隆应邀出席论坛并发表演讲，一个月前由他导演的电影《阿凡达》刚刚上映并取得辉煌的成功。他在演讲中说："我总是拒绝达沃斯的邀请，因为我只知道导演电影，对经济却一无所知。但是今年我想法变了，因为去年至今发生的诸多事情证明，这儿的人对经济同样一无所知，所以我就来了。"这话要是放在数年前，肯定会引发一片抗议声，但当时只引发了一阵尴尬的笑声，2008 年爆发的金融危机让最权威的经济学家也无可奈何。

现代经济学建立在经济人假设的基础上，为了研究的便利排除了价值判断，这样一来，也就把人这个鲜活的社会主体简约化了。现代经济学虽然引入了高等数学等手段，看起来成了一门"纯粹的科学"，创造出一系列理论，难免与实际严重脱节，当然就难以解决实际问题。

中国传统思维对于经济学的研究必然是这样的一种模式：谁、在做什么、发展前景如何、可能会引发什么问题、这些问题对主体又会产生什么影响。

八卦理论确立了人为社会主体的地位，也赋予人自立担当、关爱包容的社会责任。这样一来，权利和责任的统一意识就有了内在理论基础，主导者与配合者成为相互依存的关系，仁爱思想就成为人内在的需求，忧患意识和戒惧思想促使人们自我产生约束力。

当然，八卦所表示的四种基本关系过于粗略，应用起来不够方便和精准，古人就进一步把八卦发展成八种独立关系，并且使用排列组合的方式构成六十四种关系，《易经》的基本框架六十四卦就产生了。

《易经》六十四卦就是六十四个社会命题，在这六十四个命题中，分成六个主要层次来论述，这就是六爻。六爻就是六个子命题。在论述这些命题时，作者以太极和八卦理论为基础，引入农耕文明的价值判断，给出基本的人生观、世界观、价值观，并指出与之相对应的方法论，这就是《易经》被中国古人称为“群经之首”“大道之源”的根本原因。

农耕文明产生的价值观和方法论影响中华民族三千年，并且在现代社会依然占据核心地位，在可预见的未来也是有效的，这其中的理由，我们在下一讲“农耕文明”中和大家共同探讨。

四、哲学体系

哲学不存在标准化模式，凡是符合能够澄清概念、设定判准、构建系统的理论体系都属于哲学。中西方哲学是相互独立产生的，这两种哲学各有其基本理论。中国哲学的理论就是阴阳五行八卦，西方哲学的理论发端是本体论。

基本哲学理论的不同，导致中国人和西方人对世界认识的差异化，这在社会生活的方方面面都有所体现。中国的宗教是众神教，神是社会的管理者；西方宗教是一神教，神是世界的创造者。

中国人认为世界是多层次或多维度的，世界的产生与结束不是人类思考的范畴，所以世界也不是神创造的，神可以从高维度影响人类社会，无论是盘古开天辟地，还是夸父逐日、后羿射日，都是神对社会管理的抽象说法。西方人早期对世界的认识中似乎没有多维度的概念，神就成了无所不在、无所不能的。中国人和西方人都有天堂地狱之说，不同的是中国古人张口就说“疑是银河落九天”，天地都有多重维度，这似乎是毫无疑问的事实。在中国人思想观念中，时间也是相对的，所以在中国古代小说、戏曲中说出“天上一天、地上一年”，观众并没有感到有什么新奇。

西方哲学发展到 17 世纪，自然哲学的分支发展起来，由此开启了现代科学，使人类制造和使用工具的能力得到前所未有的发展，从而产生了现代工业社会，物质资料的生产能力得到极大提高，也使西方社会领先进入发达社会。

计算机技术发展到现在，基本上也属于工具的范畴。让机器产生类似大脑一样的思考能力是计算机发展的终极目标，那时候的计算机才算得上是人类思维的扩充。然而在目前科学理论的基础上，是不会产生真正意义上的人工智能。原因很简单，过度简约化产生的理论是单向发展的，不可能再度还原到事物的本原状态。

中国传统哲学必将在人工智能这一领域产生重大影响，或者说中国传统哲学的理论对现代数学进行扩充后，将会使计算机技术提高到一个全新的高度。这是一个重大而现实的课题，是目前科学技术理论的新突破，我们将在以后的讲座中和大家共同探讨。

第四讲 农耕文明

毫无疑问，中华传统文明是典型的农耕文明。打开百度搜索，它对于农耕文明的解释是这样的："农耕文明，是指由农民在长期农业生产中形成的一种适应农业生产、生活需要的国家制度、礼俗制度、文化教育等的文化集合。农耕文明集合儒家文化及各类宗教文化为一体，形成了自己独特的文化内容和特征，但主体包括国家管理理念、人际交往理念以及语言、戏剧、民歌、风俗及各类祭祀活动等，是世界上存在最为广泛的文化集成。农耕文明的重要表现为男耕女织，规模小，分工简单，不用于商品交换。"

这个解释前半段采用现象归纳汇总的方式，描述农耕文明的特征和外在表现，对于农耕文明的内涵并没有揭示清楚。最后一段话显然是引进西方的某种观念，用表面的特征得出简单的定论，这个结论在社会上曾经是如同真理般的存在，导致中外学者很少有人拿正眼审视过什么是农耕文明。我们现在对农耕文明的研究除了模糊的诠释以外，就是封闭、落后、简单等非学术性的结论。

在 20 世纪后期，伴随着亚洲许多国家经济崛起，亚洲本土文化开始伸张，中外学者开始重视儒家文化。1993 年，美国政治学家塞缪尔·亨廷顿在《外交事务》季刊发表《文明的冲突？》一文，分析后冷战时期的暴力冲突；亨廷顿后来将有关理论辑录成《文明的冲突》一书，此书的出版在全世界激起的反响一浪高过一浪。在书中，亨廷顿把儒家这个中国古代学术流派称为儒教，作为中华文明的代称，并把儒家文化与伊斯兰文明相提并论，作为当代西方自由民主社会的对立面。然而，从书中能够清楚地感受到，亨廷顿并不了解中华文明，他心中的中华文明只是一个模糊的空洞的概念。

儒家文化是产生于农耕文明的哲学体系，不从农耕文明入手研究，就很难揭示儒家文化的深刻内涵，儒家文化也就真的成了西方哲学家所认为的伦理学，儒家资本主义的理论体系就不够完善。

那么，怎么样客观认识农耕文明呢？

一、顺天应人

我们先从“文明”一词说起。《易经》是中华传统文化总源头，在《易经·贲卦》中，对于“文明”的解释是这样的：能够使人文得以彰显的所有人类活动及其活动的印迹，诸如规则、形式、记录、效果、遗迹等，它对人类社会的生存与发展具有基础、规范、启发等方面的积极意义；它与对人类社会的生存与发展无积极意义、有消极意义的人类活动及其活动印迹有区别。文明的最显著特征是“文明以止”，就是说文明的核心内涵彰显出来是“有所不为”。

这样对“文明”定义，有两方面的特点：第一，文明的核心内涵是价值理念而不是外在表象的集合；第二，农耕生产是人类普遍的生产活动，“文明以止”是中华文明特有的价值判断。

农耕活动使人类生产活动从食物的被动寻觅采集转变为食物的主动规模化生产，农耕文明是古人类定居生活的开始。农业生产需要关注天时变化，需要守望田园，需要日复一日辛勤的田间劳作。从事农业生产最需要的是稳定的社会环境，因此，中国古人对社会生活研究的重心是人与自然的和谐相处、人与人的和平共处。《易经·革卦》：“天地革而四时成，汤武革命，顺乎天而应乎人，革之时义大矣哉。”在古代中国，王朝的更替是历史上最大规模的社会活动，只有做到顺天应人，才能具有合理性。一切社会活动只有顺天应人，才是符合农耕文明价值判断的行为。

早期农业生产的最大不确定因素是天时变化，天时变化对农业生产最主要的影响因素是日照和降雨。中国先民活跃的黄河流域属于温带半干旱区域，降雨的多寡、时节的变化对农业生产尤为重要，所以组织农业生产必须顺应天时。中国先民在农耕生产中，总结积累经验，创立了独树一帜的农业历法。

中国古代历法有黄帝历、颛顼历、殷历、周历、夏历、鲁历，合称古六历，其中夏历影响最为深远，夏历创建于距今 4000 多年前的夏朝。在西汉时期，夏历经过修订，于西汉太初元年改历，这就是我们现在还在使用的农历。夏历采用冬至之月（农历十一月）为子月，作为一岁开始，历法年则采用以建寅月开始，即寅正（后来叫作夏正），其大致是采用整数366天为一岁，用减差法和正闰余，来调整时差。冬至之日是一年之中日照最短的一天，从这一天开始，日照开始越来越长，在日照时间长短的影响下，植物进入新一轮生长期。“冬月葭草吐绿头”，充分反映了古人对植物生长观察的深刻度。

农历既反映太阳热力作用对生物的影响，又反映月亮为主综合太阳等星球对地球引潮力的周期变化，这种变化带来大气降水的周期性规律，融阴月阳年为一体，对组织农业生产发挥了重要作用。农历除了以月亮运动自然划分成月份以外，又把一年划分为二十四个节气，五天为一候，三候为一节气，详尽反映了黄河流域天文、地理、人事和自然界的循环变化。

立春：立春之日东风解冻，又五日蛰虫始振，又五日鱼上冰（鱼陟负冰）。

雨水：雨水之日獭祭鱼，又五日鸿雁来（候雁北），又五日草木萌动。

惊蛰：惊蛰之日桃始华，又五日仓庚鸣，又五日鹰化为鸠。

春分：春分之日玄鸟至，又五日雷乃发声，又五日使电。

清明：清明之日桐始华，又五日田鼠化为鴽，又五日虹始见。

谷雨：穀雨之日萍始生，又五日鸣鸠拂奇羽，又五日戴胜降于桑。

立夏：立夏之日蝼蝈鸣，又五日蚯蚓出，又五日王瓜生。

小满：小满之日苦菜秀，又五日靡草死，又五日小暑至（麦秋生）。

芒种：芒种之日螳螂生，又五日鵙始鸣，又五日反舌无声。

夏至：夏至之日鹿角解，又五日蜩始鸣，又五日半夏生。

小暑：小暑之日温风至，又五日蟋蟀居辟，又五日鹰乃学习（鹰始挚）。

大暑：大暑之日腐草为蠲，又五日土润溽暑，又五日大雨时行。

立秋：立秋之日凉风至，又五日白露降，又五日寒蝉鸣。

处暑：处暑之日鹰乃祭鸟，又五日天地始肃，又五日禾乃登。

白露：白露之日鸿雁来，又五日玄鸟归，又五日群鸟养羞。

秋分：秋分之日雷始收声，又五日蛰虫培户，又五日水始涸。

寒露：寒露之日鸿雁来宾，又五日雀入大水为蛤，又五日菊有黄华。

霜降：霜降之日豺乃祭兽，又五日草木黄落，又五日蛰虫咸俯。

立冬：立冬之日水始冰，又五日地始冻，又五日雉入大水为蜃。

小雪：小雪之日虹藏不见，又五日天气上腾地气下降，又五日闭塞而成冬。

大雪：大雪之日鹖旦不鸣，又五日虎始交，又五日荔挺生。

冬至：冬至之日蚯蚓结，又五日麋角解，又五日水泉动。

小寒：小寒之日雁北乡，又五日鹊始巢，又五日雉始雊。

大寒：大寒之日鸡使乳，又五日鸷鸟厉疾，又五日水泽腹坚。

不顺天则难以有食，不应人则难以有安。当然，这里所说的人也是顺天的人，不是所谓的经济人、自由人。应人，不是无原则地去迎合、取悦人，而是具有鲜明的价值判断。经济生活包括物质资料的生产、交换、分配和消费四个环节，其中经济活动的基础是生产，社会关系的基础是分配。

农耕文明的社会分配方式显然受到生产的影响，从而产生了一系列价值理念，这些价值理念是分配的指导原则。

“天地相合，以降甘露，民莫之令而自均。”冬去春来万物自由生长，阳光雨露万物公平享用，农耕文明物质资料分配的最基本原则就是公平照顾每一个人的需求。因为天生万民，人人都有生存的权利，“天无私覆，地无私载，日月无私照”。在远古的阶级社会中，这样的思想无论如何都是值得赞叹的。

如果说游牧狩猎体现了竞争意识，农耕生产体现的就是公平意识，和谐共存的思想是中华文明的鲜明特征。杜甫茅屋为秋风所破，想到的却是“安得广厦千万间，大庇天下寒士俱欢颜”；范仲淹秉公直言屡遭贬谪，却规劝友人“不以物喜，不以己悲”，以“先天下之忧而忧，后天下之乐而乐”自勉。

春种秋收，播什么种收什么粮；功无枉使，地不亏人。农耕生产具有稳定的因果关系，把这种因果关系应用于社会价值判断中，就是“积善之家必有余庆，积不善之家必有余殃。”这种思想引导民众积极主动自省向善，是形成和谐稳定社会内在的精神力量。一寒一暑循环过，春夏秋冬为一年，孔子却以《春秋》命名历史，昭示人们寒暑变化是自然现象，春种秋收是人为活动，这种活动有因有果，以此警戒人们要有所为、有所不为。

甲子循环，年有丰稔歉收，所以需要储备防饥，因此，民有努力生产，国有赈灾恤荒，社会的激励与保障意识得以产生。这种激励与保障意识是建立在对大自然敬畏的基础之上，所以是中国古代社会管理者神圣的社会责任。“受国不祥，是为天下王。”甘于承担天下灾难责任的人，才是天下之主；失职者为暴虐，自利者为独夫。

也许农业生产可以由一家一户单独完成，但是维持生产环境的稳定性和连续性却远非一家一户可以做到，社会组织与协作就变得非常重要。“出入相友、守望相助、疾病相扶持”，由此产生“百姓亲睦”为基本特征的中国人的社会关系。有人说中国人是紧密的熟人社会，这就是熟人社会的基础。熟人社会讲究仁义礼智信，陌生人社会注重法治。有些人把熟人社会说得一无是处，那么他就无法正面理解传统文化的伦理道德，也无法积极理解维持中国古代社会稳定的一系列制度，对于中国文明全球唯一传承不绝的历史事实只能认为是一种偶然现象。社会学理论往往是伪命题流传，能够实证的却被熟视无睹，熟视无睹的原因是无法用既有的理论解释。

“强梁者不得其死”，农耕生产不会产生侵略与掠夺思想，却能够产生守护家园的坚定信念。因此造就中国人温和友好、和谐相处、善恶分明、坚贞不屈的民族性格。中国人也因此产生了自己独特的战争观念，所以《孙子兵法》不是单纯的胜负兵书，而是具有很高的政治智慧与哲学思想；《司马法》曰：“国虽大，好战必亡；天下虽安，忘战必危。”

农耕文明，就是以农耕为生产实践活动，感悟和总结出的价值理念体系，用它向世人指明是非、善恶、美丑等理念；在此理念的指引下，形成一套完整的国家制度、社会规范、道德伦理等社会管理体系，并用这个体系来管理和指导人们的生产和生活。农耕生产活动贯穿古今，遍及世界各地，在农耕生产中产生如此丰富、深刻的价值理念，并总结上升到“文明以止”这样理论高度的民族，世界范围内恐怕只有中华民族。所以别人可以看轻农耕文明，作为中华民族的传人，我们没有丝毫理由妄自菲薄。

二、与天为盟

如果说西方社会有源远流长的契约精神，那么中国人自古就有“有所不为”的自觉思想。所有的精神、思想都来源于社会生产过程，如果说交换贸易产生了契约精神，那么农耕生产就产生了自觉思想。

农耕文明的自觉精神就是“文明以止”，就是“有所不为”，就是“己所不欲，勿施于人”。它不是通过简单的说教就能够维持和延续的，而是有坚实的内在精神约束力；这种内在精神约束力是人与天的盟约，比起法律约束力更加广泛和有效。“苟非其人，道不虚行”，要达成广泛有效的约束力效果还需要社会主体——人的参与，这种参与就是坚实、普遍的社会价值观基础。

人离群寡居则力量微弱，人群聚集则必有纷争。物质资料的需求是人生存的基础，人获取物质资料的欲望是没有止境的。人是物质资料分配的主体，在此情况下，物质资料永远是相对短缺的，几千年来都是如此，未来也不可能改变。相对短缺的分配，纷争不可避免。

农耕文明认为，饮食是物质资料的代表，是真正不可压缩的刚需，而饮食以粮食为代表，粮食生产决定因素在天，主要是降雨，所以分配也应遵循天的启示。这个启示首先就是公平，因为天雨没有偏私，物质资料本质上是属于所有人的。天地包容万物，无论亲疏，万物和谐共存才是符合天道的法则。以此价值观念解决纷争，就不会执着于权属，许多问题可以自然化解。

除了物质资料的需求以外，人类还需要精神需求，男女之情具有最普遍的性质，所以它是精神需求最典型的代表。男欢女爱充分体现人类思想的多样性和复杂性，但也具有情感的共同特征，就是说强者放低姿态、弱者温柔随动就不存在双方找不到共同点的问题。所以包容与谦让是化解矛盾纷争的利器，推广到人格修养、社会治理中，也是如此。

中国先秦时期是邦国制。在一国之内，大家遵从国家秩序化解纷争。国与国之间纷争，由于缺乏人为的约束力，古人往往采用盟誓的方式。国家秩序是依据顺天应人的思想来制定的，盟誓从形式到寓意也充分体现了顺天应人的思想。

国有大小强弱，会盟必有盟主。会盟的目的是聚合大家的力量，去完成任何一方都不能够单独完成的事业。自然人聚集必然带来纷争，国家也是同样道理。会盟之初要完成的任务就是协调国与国之间的利益关系。古代诸侯国会盟过程大概是这样的：各位代表选出盟主，宣示会盟目的，然后杀牛取血，众人饮血酒宣读誓词，把盟书覆于牛身上和牛一起埋掉，请天地见证。会盟取血于敦中，这是一个特殊的礼器，它一般是圆球形，分上下两部分，两部分基本一样，也就是说，本体部分和盖子是可以互换的。这就喻示着天道轮回、万物平等的道理，不存在谁比谁优先的问题。这是农耕文明重要的价值观念，一直被中国人自觉遵从。从古到今，中国人都是奉行独立自主、平等互利、和平共处的外交原则，这是由农耕文明的基本价值观念所决定的。

法律的威慑力在于刑罚，刑罚是由警察、监狱等国家机器执行。道德的力量来自于自律，这个自律是价值观念赋予的精神力量。人可以逃脱法律的制裁，却无法逃脱良心的谴责。道德的力量从起心动念开始就给人主动施加约束力，而法律的惩罚是被动滞后的。孔子倡导"非礼勿视、非礼勿听、非礼勿言、非礼勿动"，把它作为"仁"的具体实施细则，这说明纷争往往是强者侵犯弱者的行为，这才是道德约束的意义所在，也就是说，失去道德的约束，受伤的总是弱势群体，这个时候法律往往形同虚设。

道德约束力的一个重要特征是无所不在，因为它把天道植根于价值观念之中。杨震是东汉时期的大儒，世称“关西孔子”。杨震曾经推举荆州茂才王密做官。有一次杨震路过王密任职的昌邑县，这时候杨震是王密的上司，王密晚上去看望杨震，送给杨震金十斤。“震曰：‘故人知君，君不知故人，何也？’密曰：“‘暮夜无知者。’震曰：‘天知，神知，我知，子知。何谓无知？’密愧而出。”

杨震说：“老朋友知道你，你为什么不知道老朋友呢？”王密说：“现在是深夜，没有人会知道。”杨震说：“天知、神知、我知、你知，怎么说没有人知道呢？”王密惭愧地离开。

“大宋，江西余兆县兄弟二人在朝为官，官至二品，显赫一时。兄乃翰林院大学士沈仲仁，弟为户部督使沈仲义。先人过世，留下万贯家业，为争家产，兄弟二人反目成仇，争讼于知府衙门，历六年之久，经三任知事，未果。无奈，现任知事求教于余兆县已离任赋闲的知事余宗宪。余沉思有顷，遂提笔疾书，一气呵成一文，让知事贴于知府衙门前影壁之上。书云：鹁鸪呼雏，乌鸦反哺，仁也；鹿得草而鸣其群，蜂见花而集其众，义也；羊羔跪乳，马不欺母，礼也；蜘蛛结网以求食，蝼蚁塞穴而避水，智也；鸡非晓而不鸣，雁非社而不移，信也。禽兽而有五常，人为万物之灵，岂无一得？兄通万卷，全无教弟之才；弟掌六科，岂有伤兄之理？仲仁，仁而不仁！仲义，义而不义！过而能改，再思可也。又批一颂：兄弟同胞一母生，祖宗遗业何须争，一番相见一番老，人生何时为弟兄。弟兄二人阅之，惭愧万分，抱头相哭，结伴而回，不复争矣。”

这是中国人处理纷争的典型做法。它的特点是：纷争主体双方同时是解决纷争的主体，执法者以协调为主；情理法三者统一，纷争解决以后不用破坏原有的伦理关系。这样做不仅极大降低行政管理成本，而且有助于宽容、友爱、和谐的社会关系的形成。

《论语·为政》：“子曰：‘道之以政，齐之以刑，民免而无耻。道之以德，齐之以礼，有耻且格。’”

当今世界，美国的法律体系最完善，条文最健全，这是大家公认的。美国联邦最高法院三角门楣正中有三个人的塑像：摩西、孔子、梭伦。摩西是犹太教（Judaism）的创始者，在犹太教、基督教、伊斯兰教和巴哈伊信仰等宗教里都被认为是极为重要的先知。梭伦是古代雅典的政治家、立法者、诗人，是古希腊七贤之一。美国法学界显然认为，宗教、文化和法律在协调社会关系中作用是一样的。

二、永续传承

农耕生产起于黄帝时期，农耕文明形成于夏商周三代之始，成熟于西周初年。直至清朝末年，中国还是典型的农耕社会，也就是说，农耕文明几乎贯穿中国五千年历史。

今天，在我国的社会生产总值中，农业的比重逐步下降，1990年农业占 GDP 的比重是 27.1%，到了 2010 年，农业占 GDP 的比重只有 10.2%。随着城镇化率的提高，我国的农业从业人口也稳步下降，从 2011 年起，中国城镇化率突破 50%，达到 51.27%，过半的人口不再从事农业生产。那么，农耕文明产生的社会思想能不能适应现代社会呢?

如果把这个问题放在上世纪初，学界的答案几乎是一边倒，即传统农耕文明的思想不能适应现代社会。因为德国社会学家马克斯·韦伯在其著作《新教伦理与资本主义精神》一书中提出：新教伦理是资本主义经济的第一原动力，而中国的儒家伦理不仅不能推动而且阻碍资本主义经济的产生。农耕文明连资本主义都不能产生，社会生产力就不会发展，现代化无从谈起。

到 80 年代，深受儒家文化影响的亚洲四小龙崛起使很多人开始质疑韦伯命题。进入 21 世纪，中国强势复兴让貌似逻辑严密的韦伯命题变得很尴尬。但是学者们针对韦伯命题的辩论也是漏洞百出。

如果不能抛开韦伯命题的圈套，深刻解读农耕文明理论内涵，就很难得出令人信服的结论。我们试图从农耕文明的本质、商业社会的要求和历史的成见等方面，分析解答一下这个问题。

基督新教教义的逻辑结论是：基督徒在尘世中的活动，包括为日常服务的职业劳动，都只是为了遵从上帝的戒律，完成上帝的旨意。于是，紧张地从事世俗活动，争取获得职业上的成功，便成为建立获救信心的唯一手段。新教教义使尘世活动（主要是职业劳动）具有了某种宗教上的合理性和崇高意义，即世俗的日常工作被视为荣耀上帝的行为。这种在宗教意义上世俗生活的合理化，使得新教具有独特的禁欲主义倾向，具有必然性。它一方面表现为积极参加世事，勤勉地从事职业劳动，另一方面表现为最大限度地节俭，抵制一切享乐性消费，认为积累财富的勤俭在道德上是无可指责的，骄奢纵欲是有罪的。新教中的劳动天职观念、职业成功意识、节俭致富倾向等等，又都与“资本主义精神”之间存在着很强的亲和力。

农耕文明塑造了中国人以天地为师、顺天应人的思想，以“自强不息、厚德载物”为基本信仰，奉行“天无私覆，地无私载，日月无私照”以劳天下，它给人生实践活动赋予的神圣感，比起宗教徒的虔诚也毫不逊色。

“大道之行也，天下为公，选贤与能，讲信修睦。故人不独亲其亲，不独子其子，使老有所终，壮有所用，幼有所长，矜、寡、孤、独、废疾者皆有所养，男有分，女有归。货恶其弃于地也，不必藏于己；力恶其不出于身也，不必为己。”这是中国古人的大同社会理想，是全人类的思想财富，难道它就不能激励炎黄子孙，成为变革与发展的动力？为什么变革与发展一定要在长期分裂的、充满战乱与纷争的地区产生？改革开放的四十年，就是团结、和平、稳定的四十年，我们取得的变革与发展还不够辉煌吗？

王阳明提出“问道德者不计功名，问功名者不计利禄”，把入仕做官、经商致富、文化活动等人生价值标准统合起来。1547—1559年，王阳明弟子何心隐创办聚合堂来实践大同社会理想。1824年，英国著名空想社会主义者欧文在美国印第安纳州购买土地建设新和谐移民区实验。何心隐和欧文的做法并没有本质区别，只是何心隐不为世人所知罢了。

至于韦伯标榜新教伦理禁欲、节俭之优越，他显然不知道“文明以止”是什么意思，或者说是闻所未闻。对于创造了辉煌灿烂的古文明的中华民族而言，职业成功意识从来不曾缺乏，这就像本能一样存在，不需要什么外在动力去激发。

韦伯用新教伦理和中国儒道两家作对比，很可惜，他对中国人的理解是表面化的，对儒道两家的认识也是脸谱化的。或者说，他并不了解中国农耕文明，并不了解农耕文明发展出的儒家、道家学说。中国汉字“文明”一词揭示了中国农耕文明的核心思想，用这个核心思想与新教伦理相比较，被人们一度奉为圭臬的《新教伦理与资本主义精神》一书就黯然失色了。

现代发达国家的重要特点是第三产业比重越来越高，或者说社会进入高度商业化的阶段。有人认为，中国注重伦理是熟人社会，西方人注重法治是陌生人社会。陌生人社会意味着经济规模扩大、人员流动性增强、公共服务的社会化程度提高，陌生人社会利于商业发展，因此中国必然要进入陌生人社会。以此来推论，农耕文明建立起来的价值观难以继续适应社会发展，必然会被历史淘汰。

法律针对商业社会，要达到的目标无非是维护社会诚信。但是诚信必须从法律中来吗？农耕文明诞生了儒家思想，儒家提出了“仁义礼智信”，是说“人”作为社会中的独立个体，为了自身的发展和社会的进步，而应该拥有五种最基本的品格和德行。孟子提出“恻隐”“羞恶”“恭敬”“是非”乃心之“四端”，人通过教育可以使心之

“四端”发展成仁义礼智。仁义礼智就像是一棵树的四根枝条，由此形成树的外形，这就是“信”。如果能够用一种价值理念使人从内心建立诚信的意识，这是对法律的外在作用重要的补充和提升，何乐而不为呢？

如果一个人没有仁义礼智之心，仅仅依靠法律是不可能让他维持诚信的。所以说商业高度发达的社会不但不能够抛弃农耕文明的价值观，而且要深刻挖掘其内涵，大力弘扬其精神，这对现代化社会建设是大有裨益的，尤其对于中国人的现代化建设是不可或缺的精神财富。由此看来，所谓熟人社会、陌生人社会是各自文化所展现的外在形式而已，抛开内在因素的主导作用而强调外在形式必须如何标准化，其实大可不必。

理论是依托生产生活实践的某个环节作为基点，由此而抽象总结归纳出来的。无论社会怎样发展变化，饮食都是人的基本需求，并且是真正的刚性需求；农业具有不可替代的性质，任何时候都是第一产业。农耕文明正好抓住人类社会这一本质特征，所以由此抽象出来的理论具有恒久性和广泛性。

有人认为海洋文明是人类历史上领先于人类发展的社会文化，并且通过一系列毫无关联的附加条件排除其他古文明，确定只有希腊才是符合理想意义的海洋文明。并且罗列出它的诸多优越性，一是社会必须是开放性的；二是必须是文明古国；三是各种文明可以相互转换；四是扩张是温和的、人性化的，不是真正意义上的殖民主义扩张和帝国主义的占领；五是在政治、经济、文化、思想、艺术等方面有系统的成果以及与海洋有关的神话、海洋远航的手段等。这种拼凑起来的一系列概念缺乏内在联系，它的恒久性和广泛性才值得怀疑。

有人认为，农耕文明的重要表现为男耕女织，规模小，分工简单，生产不用于商品交换。这是在特定历史条件下，通过特定的观察角度形成的历史偏见。理论是用来解释现实的，而不是凌驾于事实之上的。如今，站在新的历史起点，通过深入了解农耕文明内涵，这些偏见不值一驳。如果说农耕文明的生产不用于交换，我们怎么理解孟子所说的“一人之身，而百工之所为备”这句话呢？如果说在近代，迫于救亡图存的形势所迫，某些言论难免矫枉过正，那么今天，在中华民族通过自力更生获得伟大复兴之际，继续持偏见者恐怕只有用盲目性与功利心来解释了。

农耕文明“与天为徒”，崇尚自力更生，所以不会走向机会主义；农耕文明安土重迁，所以性格温和坚韧。“乐天知命，故不忧；安土敦乎仁，故能爱。”中国人认为，“福祸无门，惟人自召”，在几千年的历史长河中，中国人不会主动挑起战争而引火烧身，但是也绝不畏惧侵略而放弃社稷，他们总是坚定地站在正义的一边，所以能够数度历经艰辛而复兴，这是中华文明传承不绝的重要原因。

亨廷顿虽然不很清楚农耕文明，但是他凭着政治家敏锐的观察力和严密的分析，总结得出“西方文明并无普世性”的结论。他在《文明的冲突》一书中指出：“现代化并不等于西化，已经有越来越多的非西方国家实现了现代化，而实现之后又都反对西方价值而复兴本土文化，实行自我伸张。”农耕文明与世界上其他现存的伟大文明一样，用存在来证明自己的生命力。如果把农耕文明与西方文明作比较，只能说中华农耕文明更具普世性，也更有可能永久流传。

农耕文明的核心是中国先民在生产生活中感悟天地之理而产生的哲学，农耕文明和启蒙时期西方重农主义经济学派是截然不同的两个概念。坚守农耕文明价值观念，就是顺应现代发展潮流；使农耕文明的精神财富在世界范围永续传承，一样具有合理性与崇高意义，是传经布道一样的荣耀行为。

第五讲　文明以止

从上小学开始，老师就教育我们“讲文明”。那么，什么是讲文明呢？当时对讲文明的理解是要做到下列行为：尊敬师长、言行优雅、爱护市容爱护公共设施、排队礼让、主动帮助他人、待人接物要热情、诚实守信，等等。所以，我们的印象中，文明就是言行符合一系列的社会规范，否则就是不文明。

随着经济和社会的发展，我们日益感觉到文明的概念无处不在，我们要建设文明家庭、文明单位、文明社区、文明城市，公务人员要文明执法、文明行政，等等。这些都是值得肯定的事情，是社会治理不断进步的表现。

随着年龄的增长和社会阅历的增加，我们对文明的理解进一步加深，不难发现“文明”一词的含义被扩充到泛化和模糊化的程度，几乎变成一个到处被援引的空壳概念。比如在国际冲突中，文明经常被作为双方攻击对方的理论武器。历史上殖民主义侵略战争被美化成文明战胜野蛮，这其中就包括帝国主义列强对旧中国的侵略和殖民。中东战火不断，血腥冲突双方高举武器，都在宣称为文明而战。在日常生活中，不同背景和生存状态的人发生纠纷，也经常互相指责对方不文明。我们仔细分析一下，就会发现其实是价值观、生活习惯、个人好恶、受教育程度，甚至是经济条件不同产生的行为差异而已，与文明不文明没有多大关系。

1996 年，美国当代政治学家萨缪尔·亨廷顿出版《文明的冲突》一书，他以美国为中心提出冷战后国际政治现象的新的解释模式。一时间“文明”成为炙手可热的词，也引发很大争议。1999 年他又出版《文明的冲突与世界秩序的重建》一书，预言今后国际间的冲突将主要在各大文明之间展开，这种异质文明集团之间的社会暴力冲突（“断层线战争”）不但持久而且难以调和。短短几年后，2001 年发生了“9·11”恐怖袭击事件，亨廷顿急着说明当今的反恐战争并非文明的冲突。可见，每每用文明说事的亨廷顿，对于文明一词的解释也有很大的主观性。

我们有必要探讨一下“文明”这个词的来源，以便探究它严谨的内涵，消除使用中龃龉的现状。

打开《现代汉语词典》，我们看到“文明”一词的定义是这样的：（1）文化①：物质～。（2）社会发展到较高阶段和具有较高文化的。（3）旧时指有现代色彩的，实质上是西方资产阶级的（风俗、习惯、事物）：～戏 | ～棍儿（手杖）。

“文明”的这种解释和“文化”的解释一样，首先会让我们感到，看不出组成这个词语的“文”“明”两个汉字是什么意思，因此我们就会怀疑这种解释能不能揭示词语的真正内涵。而且，把文明和文化直接等同起来也缺乏说服力。

我们再看看《辞海》，对“文明”一词的定义是：人类社会进步开化的状态。相对于野蛮而言。文化。如：“物质文明”、“精神文明”。清末民初称新颖，具现代色彩的事物，常加上文明二字。如称手杖为“文明棍”、话剧为“文明戏”等。

与《现代汉语词典》相比，义项有差别，但疑问是一样的。

与《现代汉语词典》不同的是，《辞海》中还有下面一段话：

> 文明与野蛮、蒙昧相对，指人类建立起某种群居秩序，制造便利生活的工具，脱离野蛮的状况，成为进步的状态。故文明中含有开化与教育的意义在内，反映的是社会、国家、地区和个人发展进步的程度。
>
> 我国古来即有“文明”一词，《周易·乾·文言》：天下文明。《尚书·舜典》：睿哲文明。乃表示天下显现出开化、光明、富有文采的景象。英文字源于拉丁文 civilas，意为公民的、有组织的，指公民的品质与社会生活的规则。
>
> 由于历史的发展，学者对“文明”一词的命义也有改变。18 世纪启蒙时代，法国百科全书派对人类理性深具信心，因此对人类历史的未来发展趋势抱乐观的看法，他们认为文明即是人类社会将要到达的那种有教养、有秩序、公平合理的发展阶段。至

19 世纪初，由于人类学者、考古学者及旅行家的发现，西方人看到了多个灿烂的古代文明、东方文明，于是改变了以往法国启蒙学者的看法。新的观点认为：文明不止存在于未来，也存在于过去；不止存在于西方，也存在于东方。“文明”一词乃成为一复数的概念，文明至此所指的是社会的开化状态，与未开化的野蛮状态相对。

然而德国学者对文明的用法又与法国略有不同。19 世纪的德国学者常将文明与文化（culture）对称使用，文化是指人类社会的精神成就，文明则指物质成就。但是因为两者有时不易区分，所以当时欧洲的学者仍常将文化与文明二者当同义词使用。

英国文化人类学者马林诺斯基（Bronislaw Kaspar Malinowski，1884—1942），主张应将文化与文明的意义区分清楚，他在《文化论》中，以文化作为一个总概念，指人类所创造的一切物质与非物质的成就；文明则是一个分概念，指文化发展中较为进步的一个特殊方面。依据此义而言，任何时代、地区的人群，都有其文化，但不一定有文明，或各人群的文明程度存在着差异。

这段文字又将引发一些新的问题。

第一，《周易·乾·文言》中“见龙在田，天下文明”，“文”字的意思是把万物比喻成大地的纹路，整句话意思是“龙把大地作为活动场所，天下万物都在龙面前清晰地显露出来”，并非“天下显现出开化、光明、富有文采的景象”。《尚书》中的“文明”，使用的是“文”是本义，即“刻画字符”，意思是“睿哲像刻在器物上的字符一样清晰可见”。古代典籍中，“文明”一词的意思与我们今天比较相近的是《易经 · 贲卦》中的“文明以止，人文也”。前一个“文”由“刻画字符”引申为字符所表述的内容，人类制定的社会规范，即“典章制度”；后一个“文”同“纹”，是器物的装饰，这里引申为人区别于动物的本质特征，即没有社会规范的约束，人与动物没有区别，有了社会规范的约束，人就成为人了，就像给器物做了装饰，焕然一新。“文明”的意思就成了“典章制度被彰显出来”；“文明以止，人文也”，这一句话是说“人类制定的典章制度彰显出来，其特征是有所不为，这是人的装饰”。我们今天所谓“文明”，基本含义就是人通过教育以后懂得了什么该做什么不该做，古人认为最重要的是人懂得什么不该做，因为该做是近似于本能的东西，不该做才是人不同于动物所具有的本质特征。动物与人的根本不同就是不知道什么不该做，没有经过教育的人也是如此。孟子所说“人之有道也，饱食暖衣逸居而无教，则近于禽兽”，说的就是这个意思。

第二，远古时代，中国的先民仓颉造了“文”“明”两个字，后来的孔子写下了“文明以止”这段话；启蒙时期以后法国学者、德国学者和英国文化人类学者马林诺斯基各自定义了 civilization 和 culture 两个词语。显然，这两个外文词语和汉字“文明”各自代表中西方不同的哲学理念。把西方 civilization 和 culture 义项直接照搬到汉语词汇“文明”上，对于翻译工作者倒是很方便了，但是这样移花接木的做法到底合适不合适呢？由于西方人关于 civilization 和 culture 的定义界定不清，所以我们就很配合地把“文明”等于“文化”了，而不管它们内涵的差异达到50%之多。

我们探究“文明”一词的词义，并非是要咬文嚼字，卖弄学识。我们今天讲文化自信，就必须要重新认识自己的文化，区分中西方文化的差别，在比较中建立自信的基础。中西方对“文明”一词的不同解读，深刻地反映了中西方文化理念的区别，这是以小见大地分析中西方文化差异性的理想切入点。由于历史的原因，我们一度将眼睛盯着外面，西方的一举一动都引起我们高度的关注；今天，我们要学会向内审视自己，要尽量采取屏蔽西方影响的角度和方法来审视自己，这是中华民族伟大复兴时代的迫切需要。

“文明”一词，是中华传统文化的重要概念之一，准确理解这些概念，有助于我们深刻准确地把握传统文化的理论体系。今天，我们正在重建文化自信，传统文化的理论体系是文化自信的核心支撑。

中华文明是唯一流传至今的古文明，它所表现出来的独特、顽强生命力有其内在的必然性。把握“文明”一词的准确定义，能够提升对这个必然性的理解，这是我们建立文化自信重要的思想驱动力。同时，准确理解“文明”一词的现实意义是：能够提升个人修养的自觉性，助力推进社会稳定和谐，为促进世界和平提供中国思路。

一、提升修养自觉性

“文明”一词的定义变成今天所看到的模样，显然不是从研究中外哲学社会科学中对比取舍而得出的，而是在翻译过程中直接强加上去的。语言文字学家在用外文词语的义项强配中国文字组成的词语时，基本上不去分析汉字词语的字义，也不去探究词语的源头，顶多杂糅归纳一些现实中的应用情况作为虚应，“文明”一词的定义就完成了。

首先，这种不涉及内涵的定义方法难免有本末倒置之嫌，汉语词汇本身就变成像一个引进的特定义项的读音一样，不再表达意思，汉语还是表意文字吗？再者，这样的定义难免要随着社会发展不断地修订，就像英语词汇一样，而不再具有汉语词汇定义的本来特征。汉语词汇定义一般是有一个本义，其余都是引申义，如果有变化也是增加引申义而已。

从“文明”的词义分析就能够清晰发现，我们在努力学习西方文化的过程中，并没有很好地贯彻“古为今用、洋为中用”的原则，而是重心过度向外偏移，所以在潜移默化中使我们对传统文化的自信心消失殆尽。

“文明以止，人文也”，显然，中国传统文化中，“文明”的定义与人的修养相关。中国人认为修养最大的特征不是懂得做什么，而是懂得什么不能做。

古人修养有“九德”之说，“九德”指贤人所具备的九种优良品格，具体内容在《左传·昭公二十八年》中有详细阐述：“心能制义曰度，德正应和曰莫，照临四方曰明，勤施无私曰类，教诲不倦曰长，赏庆刑威曰君，慈和偏服曰顺，择善而从之曰比，经纬天地曰文。”

把这段话翻译成白话文是："自觉用义衡量自己的行为而适时因势加以取舍叫作'度'；处事原则符合公义，回馈行为与情势合拍叫作'莫'；体察民情视野没有遗漏叫作'明'；吃苦奉献不计个人利益叫作'类'；开化诱导别人不因辛苦而减弱叫作'长'；奖励会受到赞许，处罚会得到敬畏叫作'君'；仁爱与情势合拍，声讨会得到认同叫作'顺'；挑选义举而自觉相随叫作'比'；能制定符合天地之道的行为准则叫作'文'。"

可以看出，古人修养处处体现着自我约束的原则，这与"文明"一词的合理定义吻合。"度"是直接用义来规范自己的行为；"盗窃不义"，反过来讲，义就是有主动奉献精神的行为。

"莫"相当于我们今天所说的低调，不同之处在于，这个低调不是无原则和勉强装出来的，是主动作为而符合公义，被动回馈而不违情势。这是一种间接的自我约束。

至于"勤施无私曰类，教诲不倦曰长"，都含有自我约束的意思。

"文"在古代谥法中是最好的称呼，能够被谥为"文"的人，说明他既能够制定某种做事原则，又能积极主动践行这个原则，即义举善行是自觉自愿、知行合一的。

中华传统文化中提到的人的所有行为规范，都是"顺天之时，随地之性，因人之心"而推演出来，必须遵循的，不是没有充分依据拼凑在一起的说教之辞。探究传统文化的本源，澄清相关的概念，挖掘整理理论体系，一是可以让大家在理解中得到记忆，在记忆的基础上提高践行的自觉性；二是便于推广普及，能够迅速在社会上形成共识，以期达到相互影响、相互提醒、相互督促的学习氛围。

“文明”一词如果按照中华传统文化的内涵被重新定义，我们再听到这个词语，脑海就会立刻反应出“有些事情是不能够做的”这样的戒惧意识，抽象的概念就有了形象具体的内容，杂糅罗列的说教之辞就有了一个明确统一的纲领，外在的要求就转换成主动内在的自我约束了。

东汉杨震暮夜却金的故事很多人都熟悉。这个故事告诉我们，人是可以通过修养达到很高程度的自觉性，这个自觉性称为“慎独”。《中庸》：“莫见乎隐，莫显乎微，故君子慎其独也。喜怒哀乐之未发，谓之中。发而皆中节，谓之和。中也者，天下之大本也。和也者，天下之达道也。”

没有比空旷寂静、远离人群的地方更容易发现有人的活动迹象，没有比从无到有更引人注目的事情发展过程，所以君子一个人的时候也谨严小心，不做偏离价值判断的事情。一般人认为，一个人躲起来的时候做事不会被人发现，君子的思考却异于常人。君子认为，没有人的地方来一个人就很显眼，空地上出现很小的东西都会被一眼看到。这里所谓的显眼，是君子认为天地和自己良心的监督无处不在，尤其是处在远离人群和空旷无遮的地方。这种思考把自警意识推高到极致，利用这种自警意识能够达成可靠的自我约束。我们在纷扰环境之中接受某件事情，还有受到外界干扰因素影响的说辞；但在完全封闭的环境中接受某件事情，就只能解释为自己从内心接受了，那么就要对自己的行为负完全的责任。

喜怒哀乐是人对外界事物引发的情绪反应，“喜怒哀乐之未发”，是说在没有任何影响的状态下，人所表现出来的价值判断就是中，不偏不倚，无人无我。中是理想状态，和是根据理想状态用自律意识划定的可容忍状态。无论采取何种方式去影响、刺激他，他的反应都能够受自律控制，这就达到了和的境地。外界影响越少，自我感觉情绪变化越明显；这时候外界刺激，就像空旷处放置物品一样，情绪的反应越要保持自律。中，是价值判准的最核心部分；和，是畅行天下最好的利器。中的修养就相当于“泰山崩于前而不变色，麋鹿兴于左而目不瞬”，在任何恐吓和利诱下都无动于衷。和的修养就相当于“从心所欲不逾矩”。这种修养的最高境界被孔伋（子思）命名为“大本”“达道”。

“泰山崩于前而不变色，麋鹿兴于左而目不瞬；然后可以制利害，可以待敌。凡兵上义，不义，虽利勿动。非一动之为害，而他日将有所不可措手足也。夫惟义可以怒士；士以义怒，可与百战。”

做到“大本”“达道”，也可以说是“文明”，心中的规矩意识被充分展示。这时候去“制利害”、去“待敌”，自然是无往不胜、无往不利。

人是一个国家、一个民族最值得珍视的财富，因此没有比教化好国民更重要的投资。在中华传统文化理论和思辨的影响下，“以文化人”功效就会得到最大化表现。经过中华传统文化洗礼的人如果不能被称为“文明人”，天底下还有什么人有资格能够被称为“文明人”呢？

我们再来对比西方式“文明”的说法，什么是“开化”？什么是“不野蛮”？什么是“较高阶段”？这些说法没有价值判准标准，没有修养方法，没有评价标尺。在对文明的定义上，我们实际上是抛弃中华传统文化的菁华而引进了一个空洞无物的概念，这是舍本逐末的做法。

二、促进社会和谐

随着工业化和城市化的高度发展，我国人口生活越来越集中。人不集中力量小，无法合作去完成重大事项；人一旦集中，矛盾和纠纷也随之而来，会给社会治理带来新挑战。

在农耕时代，人们“出入相友，守望相助，疾病相扶持”，人与人之间的关系主要依靠亲情友情、伦理道德来维系和调节，所以显得和乐融融。进入工业化和城市化以后，旧有的亲情友情、伦理道德很难继续发挥作用，所以我们学习西方发达国家经验，加快了法治国家的建设。但是法治不能解决所有的问题，或者说仅有法治是远远不够的，所以我们提出“法安天下，德润人心”的综合治理方略。

法与德统称为规矩，规矩是人行事的依循，也是作用于人身上的约束力量。与法治相对的不是人治，法也是靠人去施行的，任何人做事都是有原则约束的。“人能弘道，非道弘人”，这个道就是规矩。这句话告诉我们，无论怎么治理，人的教化绝对不能够掉以轻心，因为在现实生活中，有规矩无效用的情况比主动按规矩做事、自觉接受规矩约束的情况要多得多。究其原因，无非是人的原因，是人教化方法与效果的原因，也就是说，人的教化是历史上的难题，也是世界范围内的难题。

中华传统文化对人的教化由伦理开始，因为伦理是对道德标准的寻求。伦理是由姻亲关系为起始推演而成的自然法则，是人与人、人与社会的关系，以及处理这些关系的规则。我们以天、地、君、亲、师为五天伦；以君臣、父子、兄弟、夫妻、朋友为五人伦；以忠、孝、悌、忍、信为处理人伦的规则。

道德是社会矛盾的调节器。道是自然法则，德是顺应自然法则。道德是社会正面价值取向。道德的标准有层次性，涵盖是非、善恶、美丑，是弹性的原则，所以能够适用方方面面的问题。道德通过社会舆论、内心信念和风俗习惯来评价和约束人的行为，社会共识是道德发挥作用的基础。如果社会共识不被扭曲、异化，道德就能够承担评价、调节、指导和纠正人们行为的作用，使人与人之间、个人与社会之间关系臻于和谐。

人与人的矛盾、纠纷处理完成后，毕竟还要继续在一起生活。法律裁断要求是非分明，道德协调讲究互相克制忍让。使用伦理道德协调和处理社会关系，既能够解决矛盾和纠纷，又不会造成人情生疏，这是德治的优势所在。

法律就像容器一样，把沙子用它的强效约束达到一种有序的状态，容器一旦破损，沙子瞬间就会分崩离析。伦理道德处理社会问题就像和面团，即使在没有外在约束的情况下，面团还能够自觉保持一种故有状态。所以在传统观念中，文明人特征是有内在自制力，以此达成社会黏合性的目的。所以中国军队抢险救灾是不用携带武器的，而且灾后重建能够迅速完成。中国人在危难之中表现出来的韧性，足够拖垮一切入侵者，足够磨平一切灾难，足够化解一切内部纷争，这也是中华文明传承不衰的一个秘诀所在。

1958 年，美国芝加哥大学东方研究所召开“近东文明起源学术研讨会”，在会上，美国学者克莱德·克拉克洪提出文明的三条标准，以判定历史上的国家是否达到文明的程度。1968 年，英国学者格林·丹尼尔出版了《最初的文明》一书，对克拉克洪的三条标准进行补充，使判定文明的标准风行一时。这三条标准是：第一，要有城市，城市的规模要能容纳五千人以上的人口；第二，有文字，没有文字的发明，人类的思想文化积累就不可能存留和传播；第三，要有复杂的礼仪建筑。这显然是考古实证主义者所倡导的标准。

由此能够看出，西方人对文明概念注重外在的、有形可见的指标。在中华传统文化中，文明是社会治理的内在动力，是对人进行教化的标准和教化的效果。

无论美国人还是英国人，我们都统称他们为西方人。在近代，西方人侵略殖民非西方人的历史不容回避。福山在《历史的终结和最后的人》一书中写道：“战争根本上是由寻求承认的欲望驱动的，废除主奴关系的自由革命，对国家间关系应该也有相似的作用。……过去两百年，自由民主国家完全可以对那些没有采取自由民主而且不认可它们的基本价值的国家发动战争，但是，自由民主国家之间则没有爆发任何帝国主义行为。”在他看来，自由民主国家是文明人的国家，其他国家都是野蛮人的国家，文明人完全有理由发动对野蛮人国家的战争，这是有理论根据的。福山的理论根据就是柏拉图关于人的灵魂由欲望、理性和激情三部分组成，以及黑格尔关于寻求承认的理论。在这些理论的引导下，西方人是不会对侵略战争有任何愧疚的，而认为这是合理的行为，甚至是传播“文明”。

我们不要以为福山的言论是个例，西方很多学者都有多重人格，不见得每一个人都是知行合一、有品德的学者。1840年英国殖民者侵占了中国舟山，当时托克维尔欢呼雀跃，鼓吹这是伟大行动，殖民主义与社会学家在他的身上毫无违和感地存在着。所以我们不要天真地认为文明的三条标准就是纯学术问题，因为西方人不仅侵占殖民了符合这三条标准的国家，而且还侵占殖民了更多不符合这三条标准的国家和民族，他们的命运往往更加悲惨，比如北美印第安人。被判定符合文明标准的国家和民族，他们的苦难经历尚且有历史记载，那些被判定不符合文明标准的国家和民族，将会被历史彻底抹掉，人们无法再为他们有效地伸张正义。因此，从客观上讲，文明的三条标准具备为西方侵略历史洗地之嫌疑。当然会有人认为这是阴谋论。但是，我们至少要做到，不能认为文明就是一个简简单单的词语，中西方人的理解都是完全一致的，可以照抄照搬互换的。

人的管理是最复杂的，也是难度最大的。所以自古以来，中国社会管理的标准主要是社会内部关系协调、百姓生活有保障、社会激励机制合理等。“路不拾遗，夜不闭户”是中国历史中盛世社会的外在特征。

我们现在常常使用外在的、有形可见的指标分析社会问题，这种方法优点是便于横向纵向比较，条理清晰。久而久之，这种指标就转化成了标准。但是，外在的指标难以反映社会主体的真正问题所在，往往给我们的判断造成误导。

我们用比喻的方法描述社会状态，诸如蜜蜂蚂蚁精神、狼群羊群效应等等。但是任何比喻都有其缺陷，人类社会的分工与动物界的分工有原则上的区别。动物界的行为受本能支配，支配人行为的既有本能也有文化，所以才会有“志士不饮盗泉之水，廉者不受嗟来之食”。

自然科学技术的引进会给人们提供多种选择，各种选择相互影响，促进生产的发展和进步。社会科学却并非如此。

在今天，我们的社会科学多种理论并存，但是缺乏理论整合，缺乏理论体系建设，缺乏理论哲学性研究。哲学性研究应该以中国哲学为主体，研究要建立在对传统文化的自信心的基础上，要建立在对传统文化理论体系真正理解的基础上。

价值判断有理论的指导，人们在做事时就会心安理得，这是理论存在的必要性。如果理论体系不纯粹，多种价值判断并存，并不能像科学技术那样起到一加一的作用，而是培养人们的机会主义思想。多种价值判断标准并存，人们往往趋向对自己最有利的选择，特别是对自己当下最有利的选择，因为趋利避害是人的本能。也就是说，在客观上抑制了以文化人，放纵了本能欲望的滋长。有些人还把这种本能欲望美化成“人性”，而这恰恰不是人性，是人的动物性。

有人认为这是百家争鸣，而事实上，中西方理论混杂并存与我国历史上的百家争鸣有本质的区别。儒道法墨等诸子百家是属于同一理论体系，都是中华传统文化的范畴，是农耕文明的分支。诸子百家是站在不同角度解读农耕文明，对社会治理提出各自的主张，这些主张是强调农耕文明某一方面的重要性，它们的价值判断是统一的。所以百家争鸣不但没有造成社会价值观撕裂，反而增进了全民族的团结与融合。

阶层和团体利益分歧不能造成社会撕裂，这是我们社会建设的底线。因此，企业不能不顾及社会效益，金融不能脱离实体独立化存在。我们从西方引进现代经济学，现代经济学的最大特征是在经济分析中采用假设和约化，剔除价值判断和道德意识，效果是使经济学理论看起来很符合自然科学的学术标准，能够用数学推理计算，但经济学主体是人，无论怎么发展也不可能成为自然科学。现代经济学使用经纪人理念把人的行为划分为理性和非理性，凡是可以纳入最大化方式计算的行为是理性，其余则一律被斥为非理性行为。进一步发展的结果是，非理性行为则被认为是该管制、限制乃至禁止的行为。效用最大化、利润最大化和国内生产总值最大化本来是现代经济学理论的假设，最终却成为新的社会价值和正义标准。这些价值和标准不仅不符合西方传统经济学理论，更与中华传统文化格格不入。

那么选择性移植是否可行呢？我们的理想是取彼之长补己之短，而现实往往是对方的不完善与自身的缺点相互结合、相互促进，实际效果比任何单纯一方都要差。我们需要建立我们自己的经济学，前提是整合我们的哲学理论，确立我们的价值判准，坚持我们社会治理方法理论。

现代科学技术的发展，缩短了时空的距离，这是当今的现实。西方文明概念的合理性在于，当今我们处于一个全球竞争的社会环境，有助于提升国与国之间的竞争意识。但是这个竞争不应该是丛林法则。丛林法则就像给了人们一面扭曲的镜子，让大家错误地认识自己和他人，肆无忌惮地放大自己的欲望，最终的结果是造成世界永无宁日，大家都是受害者。

三、世界和平中国思路

美国当代政治学家萨缪尔·亨廷顿在其《文明的冲突》中文版序言中写道：随着冷战的结束，意识形态不再重要，各国开始发展新的对抗和协调模式。……在未来的岁月里，世界上将不会出现一个单一的普世文化，而是将有许多不同的文化和文明并存。那些最大的文明也拥有世界上的主要权力，它们的领导国家或核心国家——美国、欧盟、中国、俄罗斯、日本和印度，将来可能还有巴西和南非，或许再加上某个伊斯兰国家，将是世界舞台的主要活动者。在人类历史上，全球政治首次成了多极的和多元化的。在这样一个多元化的世界，任何国家之间的关系都没有中国和美国之间的关系那样至关重要。如果中国经济在未来十年或二十年中仍以现在的速度发展，那么中国将有能力重建其在 1842 年以前在东亚的霸主地位。

亨廷顿把文明定义为文化的实体，他从西方战略立场出发，把儒家文化与伊斯兰文明相提并论，将中国文明视为西方文明的首要敌手。他认为，未来世界和平在相当大的程度上依赖于美国和中国协调两国各自利益的能力，以及避免紧张状态和对抗升级的能力，因为两国紧张状态和对抗是不可避免的存在。

我们通过上一节的讨论不难看出，美国协调自己内部利益尚且是一个未知数，把避免两国紧张状态和对抗升级的宝押在美国身上几乎是不可能的事情，这从美国近代以来的历史和精英政治人物所持有的理念都可以明确地得出这个结论。那么，中国人能不能很好地协调自己国家内部的利益，并在避免两国紧张状态和对抗升级中做出表率，担当起维护世界和平的重任呢？

中国人自古就有天下的思想，天下是天下人的天下，天下是世界各国人民共同的家园。天下太平是人类的美好愿望，天下不是自然太平的，天下太平需要天下人都有以天下为己任的担当意识。

“古之欲明明德于天下者，先治其国。欲治其国者，先齐其家。欲齐其家者，先修其身。欲修其身者，先正其心。欲正其心者，先诚其意。欲诚其意者，先致其知。致知在格物。物格而后知至，知至而后意诚，意诚而后心正，心正而后身修，身修而后家齐，家齐而后国治，国治而后天下平。”儒家经典《大学》明确地给我们指出了“国治”和“天下平”的道理。

显然，中国人认为“治国平天下”靠的是人这个社会主体。如果说“格物致知”是指导人们通过学习、交流、思考增加知识和能力，是人才建设的范畴，那么“诚意正心”就是要求人们在追求内心目标时用社会公义这个原则校正自己，是人格建设的范畴。“格物致知，诚意正心”说明人的教化是社会治理的先决条件。

修身，就是用才德装饰自己，使自己能力和品德不断提高和完善。这就像古人所说的君子养成，“如切如磋，如琢如磨”，得用一生去践行。古人所谓的家，是指家族；我们现在可以这样理解家：家是每一个人最亲近的生活圈。齐家，就是用自己的行动影响身边的人，大家共同提高和进步。一个想成为君子的人，就会想帮助大家都成为君子。

儒家文化讲求关切政治、参与社会和重视文化。关切政治不一定要从政，更不必认同现实。参与社会是为了实现自己的人生价值，把个人主动融入集体之中。重视文化就是要自觉做到“格物致知、诚意正心”，主动“修身齐家”，让公义善行尽可能发扬光大。

治国，不一定要身居显爵高位，拥有一定的权力才行。古人崇尚礼乐治国，而仁义为礼乐的灵魂和准则。每个人都可以在自己所处的条件下积极践行仁义，仁义之风行于四海，国岂有不治？风起于青萍之末，匹夫皆有可为。

修己是正人的前提，修己的目的是为了治国平天下，中华传统文化强调治国平天下和个人道德修养的一致性。物欲横流的社会不可能有良好秩序，国内矛盾尖锐的国家是世界动乱的缘起。这就是中国人所理解的文明，它重视社会主体——人的建设，以有所不为作为最鲜明的特征，己所不欲勿施于人，让道德需求战胜本能欲望，公允意识战胜自我主义，平等战胜歧视。

在欧洲启蒙时期，中国社会治理曾经让法国思想家为之倾倒。“在他们看来，中国令人心驰神往、叹为观止，因为其君主不抱偏见，年年举行亲耕礼，奖掖有用之术；因为中国的一切官员均通过科举选拔任用；因为中国只把哲学视为宗教，只把文人奉为贵族。”（《旧制度与大革命》第三编第三章）

1815 年，法国皇帝拿破仑兵败滑铁卢，被放逐在大西洋南部的圣赫勒拿岛。1817 年，英国对华贸易使团未完成使命返回英国途中，失意中的使团首领阿美士德拜访拿破仑，在交谈中对拿破仑说出想攻打中国的设想。拿破仑对他说：“中国并不软弱，它只不过是一只睡眠中的狮子。中国一旦被惊醒，世界会为之震动。”其时，清朝正值嘉庆皇帝在位后期，西方工业革命正在兴起，而清王朝犹如沉疴在身，内忧外患此起彼伏，正处在由盛急剧转衰的时期。

19 世纪是西方国家快速发展的时期，而此时清王朝正处于衰落阶段。鸦片战争让西方国家认为中国并没有那么强大，中华传统文化在他们眼里也越来越无足轻重。在中国国内，由于战败和经济落后等原因，有些中国人也对中华传统文化失去了信心。

新中国经过四十年的改革开放，经济建设取得长足进步，科学技术水平也接近世界领先位置，综合国力大幅度提升。现代化不是西方特有的现象，中国人在实现现代化的道路上表现得更加优秀。中国现代化建设取得的这一举世瞩目的成就，大大出乎西方人的预料，这种意外正在向世人重新昭示中华传统文化的力量。

中国在综合国力迅速上升的过程中，“中国威胁论”就出现了。冷战结束是20世纪末期的大事件，时势总能造英雄，在此事件的刺激下，西方政治学者活跃一时，纷纷以预言者的姿态发表对后冷战时代的看法。美国费城外交政策研究所亚洲项目主任芒罗首先发难，发表《正在觉醒的巨龙：亚洲真正的威胁来自中国》，从意识形态、社会制度等方面提出“中国威胁”的具体论证，一时间“中国威胁论”风靡欧美，芒罗因而也声名显赫。福山《历史的终结与最后的人》、亨廷顿《文明的冲突与世界秩序的重建》也在这个大背景下新鲜出炉。

时至今日，二十多年过去了，中国并没有在亚洲威胁到哪一个国家，一带一路的实施让众多邻国得到共同发展的历史机遇。特朗普当选美国总统，显然是与福山设定的普世历史背道而驰，以至于福山发表《美国已成失败国家》一文表达自己的心灵创伤。虽然美国在台湾、南海等牵扯到中国核心利益的问题上屡屡挑衅，由于中国采取合理的应对措施和保持克制态度，中国和美国并未爆发直接冲突，亨廷顿担心的文明冲突以中国智慧和文明暂时得以化解。我们有理由相信，随着双方综合实力此消彼长，美国单方面挑衅也会越来越少，也就是说，中美双方的关系将更加趋于和平而不是冲突。与此相对，美国在冷战后却一直在与全世界各个文明发生冲突，利益面前甚至连昔日盟友也不放过。

“祸莫大于不知足，咎莫大于欲得。”不懂节制会惹人生厌，也会给自己埋下最终失败的隐患。“强梁者不得其死”，跨越道义的界限追求非分的利益，最终不会得到好结果。人与人之间是这样，这个道理同样适用于国与国的关系之中。

“贫而乐道，富而好礼。”中国和平崛起的历程，让战乱频仍的世界看到了和平的希望。世界各国人民越来越清晰地看到，中国是当今世界维护和平的正义力量。西方式文明一定会发生冲突，因为它代表的是不可调和的利益实体。中国式文明不会主动挑起冲突，因为它是以“自修文德”“有所不为”作为核心内容的思想。

第六讲 国民信仰

在远古时代，人类对主宰自己命运的自然力量产生崇敬，对社会生活中存在的各种矛盾和问题力求完满解答，以克服恐惧不安与困惑无助，希望得到某种超自身力量的庇护。于是各个民族相继产生图腾崇拜，这些图腾往往是人们能够接触到的具体事物，诸如太阳、月亮等天体，山川、河流等自然物体，火、闪电、雷鸣等自然现象，动物、植物等具体生物。

随着人类对自然与社会认识的不断深入，图腾崇拜的局限性显现出来，具体事物都有各自的不完美性，难以寄托人类的全部信任和希望，这就引发人类更深入的思考，支持图腾的力量又是什么呢？抽象性和启示性的概念于是就产生了，这些概念是哲学和宗教产生的基础。我们这里所说的宗教不是自然宗教，而是指启示宗教。在西方，宗教一直在接受哲学思辨性影响，但其哲学却很少受到宗教启示的影响，这一现实也许可以说明宗教是哲学无法全面解释客观世界所产生的精神活动。

纵观世界历史，中国不是宗教性国家，这一点与西方各国明显不同。解答为什么会产生这种不同之处，恐怕要从远古时期人们确立的哲学基本理论说起。

中国哲学基点是阴阳理论，中国人观照事物的方法既有本体论，更注重过程论，所以它的普遍性与基本性足够解答人们在现实世界遇到的困惑，宗教在客观上就没有存在的必要性。也就是说，中国人没有必要将经验世界中的存在者幻象化或神秘化后再用以解释经验世界，中国人只是把天、地等重大客观事物抽象化，然后去效仿它，而不是膜拜它。

在古代，文化交流受交通、通讯、媒介等的制约，不可能像今天这样容易实现，即便如此，中国文化的影响力也是巨大的。中国周边一些国家如日本、韩国等，也不是宗教性国家，这也证明了中国哲学的影响力。

在西方，由于中世纪神学在哲学思辨的影响下不断完善，进而居于西方思想的主流地位，使得哲学淡出思想领域而成为神学的婢女，西方国家成为宗教性国家就是顺理成章的了。

近代科学技术的发展使人们对某些神学思想产生怀疑，西方近代哲学又恢复了思想活力。在20世纪，诞生了排斥宗教传统的、无神论的逻辑实证主义和否定上帝绝对存在的以人为核心的存在主义。从此，哲学回归思想主流地位，宗教不得不借鉴哲学的方法并协调自己与哲学在发展方向上的关系。

与西方世界不同，中国一直不是宗教性国家，也可以说哲学思想一直占据主导地位。而且，中国哲学基本思想一经确立就能够做到一以贯之，社会发展的不同时期，人们所做的基本上是结合不同的社会政治环境回归哲学的起点，发展出略有差异性的哲学流派而已。

西方哲学与宗教交替发展的结果是，宗教失去了思想统治地位，只保留下抚慰心灵与塑造人格的作用。这种作用在东西方文化交流中被放大，又恰逢中国改革开放时期出现许多新的社会问题，有些人就提出“中国人没有信仰”的命题。因为“信仰”一词就是反映宗教徒对宗教教义的尊崇与膜拜，是一个外来词汇。在我们的传统典籍中查不到信仰这个词汇，并不代表中国哲学文化没有心灵抚慰和人格塑造的理论。

中国哲学能够涵盖宗教的作用，这是确信无疑的事情。这一讲我们就参照西方宗教的社会作用，探寻中华传统文化中具有宗教性维度的理论，以回答国民信仰有无的命题。

一、中国人有没有信仰

首先，我们看看这段文字：“他们在法国四周都找不到任何符合其理想的东西，于是就转向亚洲腹地寻找。可以毫不夸张地说，他们没有一个人不在其著述中对中国大加赞赏。只要看看他们的著作，就可以发现有关赞美之语。由于对中国了解甚少，他们说的，完全是无稽之谈。在他们眼中，那个任由一小部分欧洲人随意摆布的野蛮、软弱的政府，是可供世界各国效仿的最完美典范；中国政府就好比是后来全体法国人心目中的英国和美国。在他们看来，中国令人心驰神往、叹为观止，因为其君主不抱偏见，年年举行亲耕礼，奖掖有用之术；因为中国的一切官员均通过科举选拔任用；因为中国只把哲学视为宗教，只把文人奉为贵族。”

上面这一段话选自法国历史学家、社会学家托克维尔的代表作《旧制度与大革命》第三编第三章。我们在这一系列讲座中多次引用这段话，是因为它站在与我们不同的视角反映了一定的客观事实，我们每一次引用的侧重点也有所不同。

对于引用的这段话需要做以下几点说明。第一，文中一开始所说的“他们”，是十八世纪中叶法国启蒙运动时期的经济学派，他们创立的很多理论，影响了现代经济学。第二，托克维尔是法国贵族出身，也是殖民主义狂热支持者，他对废除教会特权和贵族阶级是极力反对的。1840 年，英国殖民者侵占我国舟山，托克维尔欢呼这是伟大行动。第三，这本书对法国大革命历史的总结比较详尽和相对客观。我们在这一讲引用的目的是想参照一下文中这样的说法：“中国只把哲学视为宗教，只把文人奉为贵族。”

在大革命之前，法国人反对宗教从业人员过多地从事世俗事务而成为一个特权阶层，也反对贵族阶层依靠其贵族身份不劳而获，虽然他们都有维护社会道德的积极作用。这两个问题在现阶段的中国，也有类似表现。比如宗教商业化和宗教从业人员世俗化泛滥，比如崇尚物质享受而放弃社会道德维护责任而自诩为贵族的腐化堕落思想受到世人追捧。鉴于现实中存在的问题，文中“中国只把哲学视为宗教，只把文人奉为贵族”，显然在当今社会是值得提倡的。一是哲学思想传播不需要特殊社会阶层，也就没有了宗教从业人员世俗化问题；二是文人不是特权阶层，只是具备一定人格修养的普通人，也就避免了凭空冒出“贵族”这样一个怪物般的概念，腐化国民思想。

从古到今，中国主流价值观尊贤尚功高于尊尊亲亲，简单说就是看重品行能力而不看重出身。中国传统典籍中多见“王侯将相宁有种乎”这样造反者愤怒的呐喊，难觅贵族一词。“犁牛之子骍且角，虽欲勿用，山川其舍诸？”《论语》中的这句话用民间通俗语言表述，就是“英雄不问出身，富贵当思缘由”。

贵族在西方历史上曾经是一个很重要的阶级。按照黑格尔历史开端处原始的“最初的人”理论，认为人与动物共有基本的自然欲望，人不同于动物的是他需要他人承认，而且要他人把自己当作一个人来承认。“最初的人”与他人的遭遇，就会导致一场暴力斗争，其中每一方都不惜冒着生命危险去要求他人“承认”自己。最后，斗争以一种主奴关系结束，其中一方屈从于当奴隶，而不愿冒暴死的危险。贵族和奴隶就这样诞生了。所以贵族是天生的贵种，因为他们的遗传中有高贵的基因。贵族阶级也自以为高人一等，他们可能会在言行举止方面表现得彬彬有礼，但在权力面前并没有表现出任何超脱免俗。

“中国只把哲学视为宗教，只把文人奉为贵族。”这句话站在局外人的角度，说明中国人的信仰是哲学信仰而不是宗教信仰。那么中国人的哲学必定有其不同之处，其中涵盖了需要通过宗教来解决的某些问题。

中华文明作为一个仅存的古代文明，它穿越几千年而活力不减，历经诸多磨难而屡屡能够复兴，居然有人说中国人没有所谓的信仰，这实在是不符合逻辑。如果拿一个既定模式去套另一个不同的事物，我们就称这种现象为“格格不入”。比如说，用松树的外貌轮廓去修剪槐树，只能得到一个怪物，而不能说槐树不是树，不能说槐树不具备树的功能特征。

我们知道，宗教在西方社会从古至今都占有重要地位，是社会生活不可分割的一部分。如果说中国社会中没有宗教普遍教化这一部分外在形式是可以理解的，如果说中国社会缺少类似的功能显然是不可想象的。因为中国有替代性的解决方案，就像托克维尔在其《旧制度与大革命》中所说的那样。

中国人如果有信仰，那么信仰是什么呢？根据我对中华传统文化的理解，最能够代表中国人信仰的一句话就是“自强不息，厚德载物”。

“自强不息，厚德载物”出自中华传统文化经典《易经》。意思是说：一个人要想成为君子，就要向天地学习，模仿天地对于万物的职能，自己拓展生活而不要依赖别人，修养坚定的符合道义的人格去投入社会生活，奉献自己的力量，从而实现人生的价值。

西方人认为胜者为贵族，败者为奴隶。贵族和奴隶是出身决定的，贵族侵犯甚至杀死奴隶是为了得到所谓“承认”，是高贵的行为。

中国人认为，作为引领者时自我负责而不依赖别人，作为配合者时成全别人并且始终如一，这两种品格都是君子，那么每一个人都能够成为君子。我们也可以把“自强不息，厚德载物”看作是一种寻求承认，与西方人寻求承认不同的是，我们注重寻求内心的自我衡量的承认而不是外在的比较化承认，因为中国哲学思想中有恒定的价值标准。

把寻求承认推而广之，表现在国家发展方面，西方人认为先进国家侵占落后国家也是一种寻求承认的行为，因而杀人略地在心理上没有任何愧疚感。中国人自古以来秉持的原则是“远人不服，则修文德以来之。既来之，则安之”。要想得到别人的承认，首先要得到自己的承认。关于国家统治阶级，中国人认为“受国之垢，是谓社稷主；受国不祥，是为天下王”，是以责任担当而获得统治的合法性。反观黑格尔“寻求承认冒死争斗”的理论，就是十足的强盗逻辑，一切都由暴力所主导，看不到任何人文的痕迹。

乾坤两卦为《易经》的门户，《易经》六十四卦都是乾坤两卦的不同表述，这个说法相当于“阴阳是传统文化一切理论的基础”。“自强不息，厚德载物”就是乾坤思想的高度概括。对于《易经》中乾坤两卦，我们在此做简单的介绍。

乾是天的抽象表述，天的代表是太阳。乾的概念是截取太阳在循环运行中对万物的主要职能。太阳能够循环往复运行而不衰减，是因为它符合某一种规则，这种规则就是没有依赖性。如果太阳需要某种力量的推动和支持才能运行，那么一旦这种力量发生变化，太阳的运行就会出现问题。对于人也是同样道理，内在信念才是人不断进取的根本性力量。如果这个力量来自别人，那么就会因为别人的变化而变化；如果这个力量来自某种外在价值，那么人就难免因为诱惑而偏离轨道。

古人认为，太阳运行的结果是行云施雨，这是万物生长繁茂的基本条件。太阳因为有行云施雨的职能，才成为万物仰仗的对象。如果人效仿太阳这个职能，仁爱就会深深植根于内心，就会普遍地照顾世人。在此过程中，人格的价值就会得到充分展现，而这种价值是崇高的，也是稳定不变的。

坤是大地的抽象表述。大地是万物生长的依托，最基本的职能就是承载万物。大地要想成为万物理想的生存依托，它必须符合稳定不变的特征，因为万物需要稳定的环境才能够生存繁衍。大地要想成为万物的生存依托，还需要给万物提供生存发展必需的营养。人如果要想在社会上体现自己的存在价值，就应该有恒定的品德，满足与别人交往时诚信的期望；人要想在社会上体现自己的存在价值，就应该遵守社会规则，而且把遵守社会规则做到像本能一样的反应。

人如果效仿大地的这种职能，就会有服务社会、成全别人的心意，就会提升自己的能力，加强自己的修养，让自己的能力和修养达到一种自然而然的境地，像与生俱来的本能一样。这是一种崇高的人生目标，需要人终其一生为之奋斗。

中国传统哲学讲求“一阴一阳之谓道”，是把乾坤所抽象出来的价值理念有机结合起来，而不是只强调某一方面的要求。如果过多强调乾的价值，就会使人孤芳自赏，难免脱离群众；如果过多强调坤的价值，就会使人庸碌无为，难免失去进取心。

乾坤之道落实在人的身上，人格的外在表现最鲜明的特征就是仁义。“仁者，人也，亲亲为大；义者，宜也，尊贤为大。”仁义实施的载体就是传统的伦理道德，是由亲亲、尊贤逐步推演出来的一系列价值理念。“亲亲之杀，尊贤之等，礼所生。”仁义的实施需要符合某种社会规则，这就是礼；仁义的实施需要能力的要求和是非的判断，这就是智。一个人具备仁义礼智，那么他的诚信就是可期望的。所以，中国人把仁义礼智信作为人最基本的要求，合称之为“五常”。如果一个人具有仁义礼智信，有人还认为他没有信仰，那么所谓信仰大概就是一种可有可无的东西了。

不可否认，在中国社会发展中的特殊历史时期，在经历了特殊的历史过程后，当代中国社会存在这样那样的问题，最突出的就是诚信问题。诚信缺失不是中华传统文化自身的问题，而恰恰是抛弃中华传统文化所造成的恶果。如果因此对中华传统文化视而不见，转而寻求所谓宗教救赎，这种做法在当代中国就是典型的舍本求末，最终难逃邯郸学步的结局。

二、信仰的意义

信仰是西方宗教名词，为了把信仰问题搞清楚，我们先详细分析一下宗教信仰的作用，看看中华传统文化是否具备宗教信仰的所有职能，再对比这两种职能各自的优缺点。

在西方，宗教信仰的确具有不可替代的作用。塞缪尔·斯迈尔斯（1812—1904）是英国 19 世纪伟大的道德学家、著名的社会改革家和脍炙人口的散文随笔作家。他在《信仰的力量》一书中写道："能够激发灵魂的高贵与伟大的，只有虔诚的信仰。在最危险的情形下，最虔诚的信仰支撑着我们；在最严重的困难面前，也是虔诚的信仰帮助我们获得胜利。"该书以法国宗教改革为背景，写到路易十四在废除南特敕命的名义下对新教镇压迫害的历史史实，表述了信仰的力量。

英国《观察家》杂志评论说："斯迈尔斯先生为人类的社会生活贡献了非常优秀的精神食粮。他以犀利而又睿智的笔调向我们揭示了人生的目标、生活的目的、生命的服从、生活的激情、生命的力量、良心的自由、信仰的伟人等人生的真谛，把上苍赋予我们的脆弱的自然生命塑造并升华成了具有高贵品格和坚强意志的精神生命。"

由此可以看出，西方社会非常看重信仰的力量。那么信仰的意义具体是什么呢？

宗教作为人把握世界和生命的一种独特方式，充分体现了人的主观能动性和精神对物质的反作用。宗教具有追求为生活寻找支撑和意义的显著特征。宗教表征着人对终极关怀的渴望，它给人注入神圣的目标，引导人去反省自我、超越自我、塑造自我、完善自我、实现自我，从而为人的生活提供情感、意欲、愿望、行动等的根基。宗教是一种精神的仰望和生命的活水，是人的一种价值意识的定向形式。

宗教信仰的作用在于四个方面：价值体系、道德教化、心灵抚慰和社会整合等。

1. 价值体系

宗教是人们认识宇宙、认识社会、认识人生的一种意识形式，因此有一整套对世界、对社会、对人生的看法和态度。在这些看法和态度的基础上，产生对事物价值的根本观点，这些观点按照主次、轻重排序，构成价值体系。价值观和价值观体系是决定人行为的心理基础。宗教通过信仰的方式维护这种价值体系，使其牢固树立在人们的心中。

2. 道德教化

宗教伦理是宗教对社会最有影响力的部分。宗教伦理强化了某些道德规范的功能，并借助神圣意志的名义，将某些世俗道德的内容纳入信仰领域，使普通的伦理规范成了宗教戒律，平凡的道德准则变成超凡的道德律令。这种道德教化对于信徒就具有很强的约束、自律作用，对其他社会成员也产生一定影响。

3. 心灵抚慰

宗教能满足人们心灵抚慰的需求。在现实生活中，物质的安慰和社会的安慰有不能够到达的地方。比如生老病死，不是物力财力等社会条件能够根本性地解决的。人们一旦有心灵抚慰的需求，有可能会诉诸宗教来解决。宗教的心灵抚慰能够使信仰者比较平静地对待生老病死，在某种程度上达到对痛苦、恐惧的解脱。

无论社会怎样发展，不平等现象总是在一定范围内存在的，缺少爱的人总是有的。宗教能够在一定程度上满足人们对平等的渴望、对爱的渴望。宗教一般都是“泛爱”的，宣扬神平等地爱每一位信众，满足人们对平等和爱的渴望，这也是一种心灵抚慰。

4. 社会整合

宗教将不同的个人、群体、社会势力等社会存在和社会发展的各要素，通过信仰联系在一起，在共同的组织形式、共同教义和共同礼仪规范的基础上，通过对社会存在的价值整合，增强和促进共同体内部的团结和一致。同时，宗教通过自律与他律的方式，对社会个体进行行为整合，实现成员的一体化，形成凝聚力。宗教在统一社会意志、增强社会凝聚力、协调社会关系、降低社会内耗、稳定社会秩序等方面往往起着重要作用。

所以说，宗教有价值体系、道德教化、心灵抚慰和社会整合等四方面的作用。

“自强不息，厚德载物”是中华民族的哲学信仰，这个哲学信仰能不能达到和西方宗教信仰同样的作用？我们逐一分析。

第一，《乾卦》通过论述太阳的运作，阐述仁的思想和规则；《坤卦》通过讲述大地的职能，阐述义的思想和养成。仁的思想从爱亲人到爱众人，“老吾老以及人之老，幼吾幼以及人之幼”，以此推演，伦理秩序就形成体系。义的思想是奉献自己成就别人，“义当生则生，义当死则死，眼前止见一义，不见有生死”，这是义的极致发挥，是对社会角色的最高要求。以此推演，社会规则也就形成完整体系。这两种体系的形成，处处体现着价值的作用，所以也是价值体系。这种价值是由内而发的，所以具有自觉自愿的特征。所以说，中华民族的哲学信仰能够建立严整的价值体系，也能够使这种价值体系稳定地发挥作用。

第二，太阳能够循环往复运行，是符合某种规则的缘故；大地能够成为万物生长繁衍的依托，也是符合某种规则的缘故。行云施雨、承载万物，伟大如天地，也需要按照规矩运行，人在社会中，岂能没有规矩？这个规矩就是法律和道德，古人称之为礼，“亲亲之杀，尊贤之等，礼所生也”。法律是成文的道德，道德是内心的法律。所以说，中华民族的哲学信仰的道德教化作用是不言而喻的。

第三，乾坤就是阴阳，阴阳是循环运作的，所以生死是相互依存的。中华传统文化认为，死去的祖先的灵魂仍然存在，并且对子孙的生存状态有影响；每一个人最终也会逝去与祖先汇合，死亡就成为一种转化，这就大大减少了人们对死亡的恐惧。“天无私覆，地无私载，日月无私照”，我们不能直接感受到神的平等慈爱，却时时刻刻能够感受到天地日月的平等施与。

第四，乾为仁，坤为义，天生而地成，仁与义是内容与形式的关系。“人而不仁，如礼何？人而不仁，如乐何？”礼乐泛指一切社会规范，社会规范是社会整合的纲领，仁是这个纲领的灵魂，义是使众人联系在一起的内在力量。《大戴礼记·本命》：“盗窃，为其反义也。”

反过来讲，义就是奉献，是付出，是成全他人。《左传·隐公元年》："不义不昵，厚将崩。"传统文化如果没有"义"的理念，中华民族不可能在经受重重历史磨难中一步步壮大，也不会在历经五千年的跋涉还能够紧紧地团结在一起。而这种存在，在世界范围内是绝无仅有的。中国人用历史实践，充分展示了中华民族传统哲学强大的社会整合能力。

综上所述，中国传统哲学的理论能够替代宗教信仰的社会作用。中国人没有信仰是一个伪命题，不可否认有些当代中国人在经济大潮冲击下丢失了自己的传统文化，灵魂就像无家可归的孩子一样，整个人变成随波逐流的浮萍，这就是没有信仰的人。

"自强不息，厚德载物"是中国传统哲学基础思想的一种表述形式，也是中华传统文化核心思想的凝练总结，如果说中国人需要参照西方宗教设立一个信仰，那就非它莫属了。

宗教对社会有积极作用，同时也有消极的一面。比如说宗教宣扬救赎，却在历史上引发一次又一次的冲突与战争，充当殖民扩张的工具；宗教的心理抚慰有麻醉的作用，使宗教沦为统治工具；宗教教义解释需要专门的机构和人员，难免使宗教成为某些机构和人的玩物等。

相比之下，中国人的信仰来自哲学，这是一个公开、开放的理论体系，每个人都可以独立思考和自愿接受，类似宗教信仰的消极作用是不存在的。

纵观中华民族的历史，中国的发展壮大依靠"自修文德以来之"，中华民族的延续依靠千千万万中华儿女“天下兴亡，匹夫有责”的担当。“自强不息，厚德载物”作为中华民族的信仰，永远充满着进取的活力和温厚的关爱。

三、弘扬传统文化，找回失去的信仰

历史是今天的镜子，别人是自己的参照。《旧制度与大革命》一书提到，大革命前很多法国启蒙学者认为,“中国只把哲学视为宗教。”法国大革命首先针对宗教发难，大革命过后，宗教又逐步恢复其社会地位，在道德塑造、精神提升等方面继续发挥作用。中国人在应对“数千年未有之大变局”时，中华传统文化被抛弃，时至今日，尚未比较完整地重塑起来。对普通人来说，直至感受到诚信无存、道德滑坡的切肤之痛，才想起曾经被丢弃的传统文化。

反思问题发生过程，有助于问题的彻底解决。我们看看《旧制度与大革命》一书，从中也许能够找到一些借鉴。

《旧制度与大革命》第三编第二章写道 :“人们热情而不懈地力图把曾经充斥灵魂的信仰扫除掉，却使灵魂空空荡荡。

“作家首先从教会开刀还有更特殊也可以说是个人的原因。教会恰恰代表政府中离他们最近、最直接与他们对立的这一部分。……作家们在反对教会、捍卫人类精神的普遍自由中，为他们自己的事业而斗争，这场斗争是从打碎束缚他们最紧的羁绊开始的。

“此外，在他们看来，并且实际上也确实如此，教会是他们进攻的整个庞大建筑物中最为暴露、最缺乏防御的部分。

“在君主与教会之间，达成一宗交易：君主向教会提供物质力量，教会向君主提供道义权力；君主令臣民信守教规，教会使信徒服从君主的意志。”

法国大革命中，大家反对的实际上是宗教人士插手世俗事务，教士成为特权阶层，而不是反对宗教本身。所以大革命过后，宗教又得到恢复，在社会生活中重新发挥着不可替代的作用。

从清末开始的革命运动，我们实质上需要反对的首先是腐败的清政府，同时也反对维护清政府专制体制的文人墨客，他们往往是旧制度的直接参与者和利益共享者。在革命大潮中，有些人也像法国大革命时一样，偏离真正的目标，把中华传统文化当成替代性的靶子。

而且这个所谓“传统文化”，并不是本来面目的中华传统文化，而是经专制统治阶级一再涂改而实用化的一些礼教教条，它与先秦诸子百家所秉持的传统文化大相径庭。孔子主张“以道事君，不可则止”，传到后来成了“君叫臣死，臣不得不死”；自由平等的“窈窕淑女，君子好逑”，后来成为“父母之命，媒妁之言”等等。究其原因，是有些人对传统文化的曲解。比如说，“飞龙在天”本来是讲龙在得到天这样的舞台就应该像太阳一样广播仁爱，在秦汉以后的解读中变成“飞龙在天上”，九五之责变成九五之尊。所以我们主张恢复的中华传统文化是建立在正本清源基础上的传统文化，没有人会喜欢维护特权阶级利益的礼教教条。

文化是抽象的概念，它往往附着在社会制度、风俗习惯等载体之上，诗词歌赋、文艺娱乐、建筑文物是其外在表现形式。今天，传统的社会制度已经不复存在，传统的风俗习惯也在逐步消失和改换之中，诗词歌赋、文艺娱乐、建筑文物等不足以承载传统文化的核心内涵。恢复传统文化，需要重新回归其源头，探寻中华传统文化的理论体系，这才是我们真正需要的东西。

新时代的人们有新的习惯，大家喜欢参照西方宗教信仰反思我们自己的信仰。其实，这个信仰一直存在于每一位中国人身上不曾远离，不同的只是留存或多或少而已。假如说中国绝大多数人都没有信仰，在近现代以来很长的一段艰难岁月里，千千万万的中国人却并没有放弃寻找希望的努力，中华民族也没有像有些人希望的那样分崩离析，这就是那些只把宗教作为信仰的人难以理解的现实存在。

我们借鉴宗教引进信仰一词，这对于弘扬中华传统文化其实是一个很不错的支点。我们需要赋予它中华传统文化的内涵，把它作为标杆，将有助于引导中华儿女重新回到曾经迷失的精神家园。

“自强不息，厚德载物”，把担当天下与自我救赎统一起来，不靠神明而自觉担当道义，关爱苍生而自得内心安宁，因此比宗教更加纯洁。我们的信仰不是以宗教的形式出现，却有宗教的作用；我们的哲学不标榜为哲学，却有最深刻的哲学思维。

“自强不息，厚德载物”，语言凝练而形象跃然纸上，中国人每每阅读起来，都会得到五千年文明的加持作用，感觉浩然正气由内而生，获得无穷无尽的精神力量。

文天祥在就义前的衣带遗书中写道：“孔曰成仁，孟曰取义，惟其义尽，所以仁至，读圣贤书，所学何事？而今而后，庶几无愧！”“读圣贤书，所学何事？”这是每一个中国人在学习中华传统文化时，需要时刻扪心自问的话语。

我在网络上看到这样一篇短文，真实性无法考证，但是很有意思，抄录下来与大家共享。

美国哈佛大学的大卫教授在一次课堂中说过：“在我们美国人的神话里，火是上帝赐予的；在希腊的神话里，火是普罗米修斯偷来的；可是在中国的神话里，火是他们的祖先钻木取火靠坚强与不懈努力得来的！这就是区别，中国人用这样的故事教育自己的后代要与自然作斗争。而面对末日洪水，我们西方人在诺亚方舟里躲避，但中国人的祖先战胜了洪水！如果你们去读一下中国神话，你会觉得他们的故事很不可思议，抛开故事情节，你就会发现只有两个字：抗争！假如有一座山挡在你的门前，你是选择搬家还是挖隧道？显而易见，搬家是最好的选择。然而在中国的故事里，他们却把山搬开了！可惜，这样的精神内核，我们的神话里却不存在，我们的神话是听从神的安排。每个国家都有太阳神的传说，在部落时代，太阳神有着绝对的权威。纵览所有太阳神的神话你会发现，只有中国人的神话里有敢于挑战太阳神的故事：有一个人因为太阳太热，就去追太阳，想要把太阳摘下来（夸父追日）。当然，最后他累死了。我听到很多人在笑，这太遗憾了，因为你们笑这个人不自量力，正是证明了你们没有挑战困难的意识。但是中国的神话里，人们把他当作英雄来传颂，因为他敢于和看起来难以战胜的力量作斗争。在另一个故事里，他们终于把太阳射下来了（后羿射日）。中国人的祖先用这样的故事告诉后代：可以输，但不能屈服。中国人听着这样的神话故事长大，勇于抗争的精神已经成为遗传基因，他们自己意识不到，但会像祖先一样坚强。因此，你们现在再想到中国人倔强的不服输精神，就容易理解多了，这是他们屹立至今的原因。”

从 1840 年的鸦片战争开始，帝国主义列强开始入侵中国，给中国人民带来深重的灾难。数千年流传下来的制度传统面临崩溃，数千年流传下来的文化习俗受到冲击。1874 年，李鸿章在给同治皇帝的奏折上说，中国面临“数千年未有之大变局”。

直至 1949 年中华人民共和国建立，大变局终于尘埃落定，中国人从此打破阶级专制建立民主共和，这确实是中华民族历史上数千年未有之变局。李鸿章预感到清政府即将寿终正寝，却不可能想象到共和国的建立，更不可能想象到进入 21 世纪后，中华民族将迎来伟大复兴，中国将又一次站在世界舞台的中央位置。

这个变局如此之剧烈，出乎所有人的预料；变局以后的发展如此之迅猛，同样出乎所有人的预料。中国人的传统做法是：在接近最后成功的时刻，我们越要朝乾夕惕，稳扎稳打；越是处在激烈变局中，我们越要反听内视，镇定从容。

中华民族伟大复兴包含中华传统文化的复兴，这一观点已经逐步成为大家的共识。同声相应，中华传统文化在培养民族自豪感和增加民族凝聚力方面的作用难有替代者；鉴古知今，中华传统文化在提高我们的思想深度和广度方面的作用不可或缺。

中华传统文化复兴第一步，就是要使传统文化的理念达成社会共识，让文艺作品反映社会认知和价值走向。我们的文艺急需从奚落、嘲讽传统为能事转变为对传统和现代的深入思考，对传统文化内涵的广为探寻和传播。艺者，植也。文艺就是把“文”用大众喜闻乐见的方式在潜移默化中植入每一位中国人的心中。

文化自信是一个国家、一个民族对自身长期以来形成的生存方式和价值体系的充分肯定，是对自身文化生命力、创造力、影响力的坚定信念，是精神层面上的独立。中华民族的复兴需要强大的物质力量，也需要强大的精神力量。没有自身文化为核心的精神力量的积极引领，就没有民族精神力量的不断凝聚和增强，即使有幸走进世界舞台中央位置，也得不到别人真正的尊重，难免成为匆匆过客。

让我们从阅读传统文化经典，讲好中国的故事开始，充实自己传统文化的素养。只有阅读经典，才能够深刻领会传统文化的内涵；只有讲好中国的故事，才能凝聚全民族的力量，从容地实现我们的复兴。

第七讲 仁义礼智

中国是传统的农业国家。新中国建立之初，我国城市人口只占总人口 12% 多一点；2011 年，中国城市人口首次超过总人口 50%。1952 年，农业生产总值占国民生产总值一半以上；2011 年，农业生产总值只占到国民生产总值 10% 左右。这些数字告诉我们，中国用六七十年时间，完成了工业化和城市化。同时，我国农业耕作方式也基本上实现机械化，相应地，农业生产组织方式从传统的亲戚邻里互帮互助正在过渡到产业化、市场化。

毫无疑问，这些变化既是我国生产力提高的标志，也是促进生产力发展的重要因素。我国从建国之初的一穷二白，一跃而成为当今世界第二大经济体，无论如何评价，这都是举世瞩目的伟大成就。

从社会学研究的角度看，我们用相对较短的时间，使中国一下子从熟人社会转变到陌生人社会。不仅是城市化高速推进，即使在农村，随着生产方式的转变，传统的社会关系也处在变化之中。

什么是陌生人社会？美国知名学者弗里德曼有一段关于“陌生人社会”的经典描述：“走在大街上，陌生人保护我们，如警察；陌生人也威胁我们，如罪犯。陌生人教育我们的孩子，建筑我们的房子，用我们的钱投资……”在陌生人社会中，如果人们总是以戒备的眼神、怀疑的心态来对待别人，就会强化人与人之间的冷漠程度。社会冷漠程度大大降低人们的幸福感，如果经济发展和城市化换来社会冷漠，这就与我们大力发展经济的初衷背道而驰了。

在熟人社会，日常生活更多地可以通过伦理道德来实现自律和他律。在陌生人社会，社会成员流动性很强，这会削弱道德的他律作用。随着社会流动的速度越来越快，人们之间的交往范围逐渐扩大，越来越多的人际交往是在陌生人中进行的，比如职业之间的流动、职位之间的流动、职业地域和生活地域的流动等，并且这些流动速度呈现加速的趋势。在这样的社会条件下，人们之间的交往最明显的特征是短暂性，人与人之间交往的数量在增加，但人与人的熟识度却在降低。市场经济充斥着商品交换，不可避免地使人与人交往的功利性越来越明显。

自古以来，中国人把光宗耀祖作为人生的崇高目标，中华传统文化讲求“修身、齐家、治国、平天下”的整体要求，把君臣、父子、夫妻、兄弟和朋友之间的关系都用一系列的道德规范加以界定。这种道德规范系统是维护社会秩序的防线；再加上传统农业经济发展缓慢、人的流动性不大等因素，这些客观因素会使没有诚信的人在社会上无法立足。

城市化的生活方式打破了传统的以感情维系为主要特征的社会群体，市场经济的引入让农村地区的传统村落在逐步解体。不仅城市中的邻居成了地理位置上的概念，左邻右舍大多数互不交往；农村村落也渐渐淡化了“出入相友，守望相助，疾病相扶持”的传统功能。我们常说“远亲不如近邻”，但现实是亲情在淡化，邻居在陌生化。

在这种新情况下，熟人社会维护社会诚信的机制正在逐渐失去效用。虽然我们引入了西方以法律为基础的社会诚信体系，但是任何一种制度引入都有适应性问题，至少需要一个适应过程，这个过程可能会很漫长。在此背景下，诚信缺失问题愈演愈烈，有的时候已经严重地威胁到我们生产生活的正常秩序。

一、什么是诚信

言己所思谓之诚，践己所诺谓之信。我们今天所谓的诚信，更多的是指信，即人际交往过程中要守信用、有信誉。

有人认为，当代最突出的社会问题是人口问题、生态环境问题、劳动就业问题、诚信问题、青少年犯罪问题和老龄问题等六大问题。其实，我们日常生活中接触最多的还是社会诚信问题。

《论语·颜渊》中有这样一段话：“子贡问政。子曰：‘足食，足兵，民信之矣。’子贡曰：‘必不得已而去，于斯三者何先？’曰：‘去兵。’子贡曰：‘必不得已而去，于斯二者何先？’曰：‘去食。自古皆有死，民无信不立。’”

子贡请教孔子怎样治理国家。孔子说：“使粮食充足，使军备充足，老百姓信任执政者。”子贡说：“如果不得不去掉一项，那么在这三项中会先去掉哪一项呢？”孔子说：“去掉军备。”子贡说：“如果不得不再去掉一项，那么剩余这两项中去掉哪一项呢？”孔子说：“去掉粮食。自古以来人总是要死的，如果老百姓对统治者不信任，那么这个国家就不能存在下去了。”

《左传·僖公二十五年》：“信，国之宝也，民之所庇也。”可见古人对诚信问题的重视程度。

诚信问题是现代社会不容回避的问题，许多社会问题归根结底都是由诚信问题引起的。“民无信则不立，商无信则不兴，国无信则不威。”在生产效率加快、人群高度集中、社会关系错综复杂的现代社会，诚信问题显得尤为突出。

在我国的传统文化中，诸子百家学说各异，但在推崇倡导诚信方面却是高度一致，都将诚信置于天道人性的高度上予以崇尚，视之为人格修养的基本内涵和为人、为政的基本道德操守。可以说，守诚信是中华民族在长期生产生活实践中，培育形成的独特思想理念和道德规范。

再回到当今现实生活中，社会诚信缺失已经到了我们不能容忍的地步。我们简单列举一下。

从幼儿园教育阶段开始，我们就不得不告诉孩子：“不吃陌生人给的糖果。”“不要给陌生人开门。”我们在离家出门时不得不反复叮嘱老人："陌生的电话号码不能接。""买东西不要听陌生人的推荐。"银行大厅和ATM机旁边都摆放着提示牌："不给陌生账户打款。"社区警务站贴着海报："警惕陌生人搭讪。"这样一来，我们在路上遇到陌生人求助，首先会想是不是假的；在车站别人委托看管行李，多半要摇头。

电视和网络上，诸如"扶人者被诬陷为撞人者"，"拾金不昧却被讨要更多的钱"的新闻，更强化了对陌生人的警惕心理，放大了人与人之间的不信任感。假冒伪劣商品充斥市场，奶粉、药物、疫苗都有可能是假的，食品有可能是有毒的、变质的！

这样的社会现象导致很多人开始怀念以前物资匮乏的时代，因为那时候商品都是真的，人都是可以信任的。农村是传统的熟人社会，但情况也好不到哪里去，假的种子、化肥、农药事件层出不穷，农民自己售卖的农产品质量也是参差不齐。

造成目前社会诚信缺失的根本原因是什么呢？

一是社会约束力下降。传统的社会约束力随着经济和社会格局的变化而下降，新的社会约束力没有及时补位，造成约束力真空现象。这一点我们在前面做了分析。

在社会约束力真空的情况下，如果有人失信而得到实际利益，并且长时间得不到惩罚，就会造成一种示范效应，会有更多人效仿。有人买到假冒伪劣商品遭受损失，长期得不到应有的补偿，自己如果再参与造假事件，就缺少了良心谴责。长此以往，诚信缺失现象不但越来越多，而且越来越深入化和复杂化，触及社会的方方面面。比如有人说现在是“易毒而食”时代，言语虽然偏颇，但是揭露了一个让人触目惊心的社会现实。在诚信缺失的社会中，人人都不能够独善其身，社会成员的利益损失会扩展到社会凝聚力的损失，人与社会的关系不再和谐，这是用反例来证实“国无信不立”的古训。

社会约束力下降也包括一些传统习俗的丢失。《周礼·大司徒》注：“谓常所行与所恶也。”习俗是特定社会区域内人们历代相传、共同遵守的行为模式或规范，它对社会成员的行为有一种非常强烈的制约作用。这种制约作用的目的，是在生活细节中督促人们弃恶向善、趋吉避凶。这种制约往往表现为某一种禁忌，会影响人们做事的效率，在崇尚效率的时期往往被当作一种掣肘而轻易抛弃了。

二是价值观转变。中国人自古有见利思义的思想，认为“利者，义之和也”，这是几千年形成的稳定的传统思想。然而，中国人从传统的羞于谈钱到拜金主义泛滥，只用了短短几十年，可以说，金钱观念顷刻之间发生了翻天覆地的改变。拜金主义泛滥的金钱观念就像洪水猛兽一样，也在顷刻之间把我们传统的价值观撕扯得支离破碎。

有人认为，这是发展市场经济导致的后果。市场经济本身有功利性，市场以利益为基本导向，市场经济强调的是商品意识和金钱观念。其实，市场经济没有这么大的能量，至少不会在这么短的时间内产生这么强的作用。我们在发展市场经济的过程中需要引进西方的经验，毕竟西方社会市场经济先行一步。我们引进西方经济学理论的时期，正好是西方现代经济学理论形成新的价值观和正义标准的时期。这个价值观和正义标准是一整套理论，恰逢其时被国人奉为圭臬，所以它能够把传统价值观粗暴地取而代之而不是潜移默化地影响。这种取而代之的结果就是，拜金主义在中国的泛滥程度比起西方有过之而无不及。

经济学本来就不同于自然科学，它是研究人的学问。人的行为深受信仰、道德、价值观和情感的影响，西方现代经济学把人的经济行为假设成完全没有道德意识和价值判断的、纯粹的效用最大化行为。这种理论进一步发展的结果就是，效用最大化的假设反过来被异化为一种新的价值观和行为准则。

价值观有塑造人的作用，它对人的影响远远大于事件的影响。舍弃传统的仁义礼智而起用效用最大化理论，价值观改变的后果就是诚信的缺失。

我们引进西方现代经济学理论，为什么西方社会的拜金主义程度没有我们强烈，诚信缺失没有我们严重？现代经济学理论诞生在西方，大家对它是逐步接受和认可的，所以西方传统观念产生的抵触作用一直存在着，传统观念也对它进行某种程度的改善。相比之下，我们就不同了，在一个时期内，某些人把西方现代经济学理论完美化、神圣化而引入进来，再加上社会转型期传统观念无所附着，西方现代经济学理论对我们产生的作用就像洗脑一样。我们就像毫无免疫力的人群面对新型病毒入侵一样，顷刻间被席卷性感染，连本能的反抗能力都没有了。

现代经济学已经使美国产业结构出现经济金融化、实体经济停滞的严重问题；在社会价值观方面已经产生负面影响，只是没有产业结构的问题明显。现代经济学在中国改变了社会价值观，因为它从一开始引进就被包装成先进、科学理论；在产业结构方面的影响正在扩散，虽然遇到了这样那样的阻力，因为服务业产业占比还未达到国民生产总值的80%，像现在的美国那样，这是经济学家给出的宏伟目标，达到这个标准，我们才算得上是发达国家。

有人认为中国传统文化不能指导经济发展，这是一个天大的误解，“《洪范》五福先言富，《大学》十章半理财”。我们在发展市场经济过程中，需要借鉴西方现代经济学的有益成分，同时不能放弃传统文化的主导思想，坚持人是社会活动主体的理念。中国不仅要发展自己的市场经济，也要培养自己的经济学家，创造自己的经济学理论。

仁义礼智是诚信的内在基础，诚信是仁义礼智外在的表现。我们不可能再退回以前的经济发展模式，那么依靠仁义礼智的传统价值观重新塑造国民思想，就成了我们解救诚信问题的唯一解药。

转型时期的社会约束力下降和传统价值观念的转变相互作用，导致的后果就是我们的社会诚信严重缺失，诚信缺失和其他社会问题交织在一起，互相强化，这种状况已经严重影响社会的和谐稳定和可持续发展，这并不是危言耸听。

二、培育诚信意识

既然诚信问题这么严重，那么建立诚信社会就是迫切和重要的命题。谈到怎么建立诚信社会这个问题，估计大家第一反应，都是加快推进社会诚信体系建设。

什么是社会诚信体系建设呢？无非三方面内容：一是通过教育培育国民诚信意识，强化社会成员在诚信方面的道德自律；二是抓紧建立覆盖全社会的征信系统，使人不敢失信，不能失信；三是要加强监管机制。简单说，就是教育、立法、司法，多措并举。其中，建立征信系统是大家比较关注的，监管机制是大家比较司空见惯的，教育培养似乎是每一件事情都需要提一下的规定套路。

我们先简单介绍一下征信系统。征信系统是一种很不错的选择，它是以相对完善的法律法规体系为基础，以建立和完善信用信息共享机制为核心，以信用服务市场的培育和形成为动力，以信用服务行业主体竞争力的不断提高为支撑，以政府强有力的监管体系做保障的国家社会治理机制。这是欧美国家使用多年、行之有效的社会治理机制。

征信系统的核心作用在于，记录社会主体信用状况，揭示社会主体信用优劣，警示社会主体信用风险，并整合全社会力量褒扬诚信、惩戒失信。征信系统的建立可以充分调动市场自身的力量净化环境，降低发展成本，降低发展风险，弘扬诚信文化。

征信系统建设是一种对抗式思维，是典型的西方式思维。中国传统文化的思维方式是整体性和标本兼治，所以用仁义礼智塑造国民思想，以此培养诚信意识也是当务之急。有人认为这种方法难以把握，思想建设不如动用国家强制性力量来得直接，这其实是一种思维的错觉。诚信是内在的价值观，外在的压力难以普遍持久产生效用。诚信不排除任何人，每个人都要有从自己做起的内在动力，诚信社会体系建设才会很快见到效果。简单的方法只能解决简单的问题，诚信是社会性问题，没有系统方案不会带来根本性转变。

我们所讲的塑造国民思想、培育诚信意识和一般的说教式思想教育有所不同。说教式思想教育是强迫或引导被教育者接受特定的知识、规矩、信息、技能、技巧等，列举出哪些不能做，哪些可以做，哪些应该怎么做等等，也做一些分析与评价的活动。目前大家认为的培育诚信意识的教育工作也大抵如此。

在中华传统文化中，诚信意识培育不是分科目单列出来的某一种精神，也不仅仅是说教式教育这样简单的活动。诚信意识培育是人格塑造的一部分，也就是说，一个人在从幼年到成年的过程中，通过正常的人格塑造活动，他就具有了很好的诚信精神，这种方式培育出来的诚信意识显著而持久。这是我们丢弃已久的传统教育方式，也是很值得我们今天学习借鉴的工作方法。

熟悉传统文化的人都知道，诚信在“五常”之中。“五常”即仁义礼智信，是指人作为社会主体，为了自身的生存与发展和社会的稳定和谐，而应该拥有的五种最基本的品格和德行。孟子提出仁义礼智，董仲舒扩充为仁义礼智信，后称之为“五常”。“五常”是中华传统价值体系中最核心的部分。

仁义礼智信五种品德，并不是古人随意找出五种大家比较看重的品德，平行罗列起来作为人格修养标准条目，它们是由一个逻辑体系构建起来的，反映了人本质的要求，所以不是一时的文化现象，可以超越社会形态而存在。

《孟子》一书中共有两章谈到“心之四端”。一次在《孟子·公孙丑上》一章，为一般性的论述，没有展开分析；另一次在《孟子·告子上》一章，指出“恻隐之心，仁之端也；羞恶之心，义之端也；辞让之心，礼之端也；是非之心，智之端也”。

孟子认为，恻隐、羞恶、辞让、是非四种情感是仁义礼智的萌芽，仁义礼智来自这四种情感萌芽，故称为四端。端，就是开头的意思，用树木来作比喻，即萌芽；或者比喻为树根，即性本善。

人天生具有四种禀赋，经过后天教育启发，这四种禀赋就像树的芽苞一样，抽条展枝，形成仁义礼智四种品德，这四种品德构成“人格”。格，就是树的枝干形成的树冠；人格，就是指人的品德展示给世人的形象。

在孔子看来，仁义礼三者也不是平行并列的。《中庸》曰：“仁者，人也，亲亲为大；义者，宜也，尊贤为大；亲亲之杀，尊贤之等，礼所生也。”最后一句很重要，仁义是由礼制产生的呢，还是礼由仁义产生呢？我们分析一下。杀，本义是屠宰牲畜，揭下皮毛，喻示揭示本质。等，本义是把简册裁整齐，喻示分析归类。我们把亲亲与尊贤的本质简单分析一下，亲有亲疏之分，贤有能力大小，礼的观念就有了。礼，就是等级、秩序的意思，圣人根据大家本能意愿提升的一套制度就是礼制，用来承载和推行品德善行，维护社会秩序。如果一个人没有学过礼制，是不是一定会没有仁义呢？如果一个深谙礼制的人没有仁义之心，礼制就是虚假的程式而已。所以说，先有仁义后有礼。

西汉时期，董仲舒把仁义礼智再加上信，构成“五常”，作为人必须坚持的五种品德。信与仁义礼智的关系是什么呢？可以作这样一个比喻，仁义礼智是一棵树的四个枝，那么这棵树所形成的树荫就是信。我们设想一下，一个具有仁义礼智的人，会不守承诺吗？反过来，一个没有仁义礼智的人，守约是迫于外在压力，背约是迟早的事情。使用以上比喻，如果缺少仁义礼智某一方面，就像树荫会出现一片缺失，守约的可能性也就有所降低了。

“五常”是中国儒家思想对诚信意识的总体思想。它首先确立以人为本的观念，人是社会主体；人有四端，所以人是可教化的，也是应该被教化的；一个经过良好教化的人，在社会生活中就是一个有诚信的人。

国，是由人组织起来的社会群体，人若无信，国将不国。法家思想认为，社会诚信是由国家诚信引领民众诚信，诚信社会建立要有社会条件做保障。所以纵观历史，工朝积重难返而导致统治阶级诚信不能树立时，变法活动无一例外都以失败告终。

孟子主张“性本善”，与孟子同时期的儒家学者荀子却提出了“性恶”论。荀子有两个弟子，一个是韩非，一个是李斯，他们两个都是中国古代法家思想家。善与恶的概念，是从别人喜欢亲近还是反感厌恶的对比而产生的。一个人同情弱势群体，勇于担当社会责任，大家就喜欢亲近他；一个人唯我独尊，唯利是图，大家就反感厌恶他。性善与性恶两种概念并不是完全对立的，儒法两家思想的差别在于人是否可教化，或者要不要劳心费力去教化人。如果说儒家思想是对人慈悲的关怀，法家思想就是对人冰冷的关怀，他们在关怀的出发点上是统一的。儒法两家思想交织在一起，构成中国人治国的基本理念，用现在的话说，就是德治与法治。

显然，儒家以文化人，用教化的方式塑造国民人格，进而形成良风善俗，以此达到治国的目的。法家提出平等的理念，以此强制推行律令，利用人趋利避害的本能，以此达到治国的目的。

如果从诚信社会建立的角度看，儒家注重人格的力量由内而发，自然而然形成诚信意识；法家注重使用外在的约束与激励机制，诚信意识建立在趋利避害的基础上。内在信念建立的诚信意识持久而稳固，外在约束建立的诚信意识因外界环境的变化而随时可能发生变化。

总而言之，中华传统文化的思想认为，诚信意识更多依赖内在信念的加持，辅助以外在律令的约束和激励。传统文化建立社会诚信的方式与我们现在建立社会诚信所采用方式内容一致，但是侧重点正好相反。

三、苟非其人，道不虚行

中华传统文化具有坚实的哲学基础，它能够超越时代而生存，因此并不是一时的文化现象。中华传统文化塑造人格的作用非常突出，在今天依然有深厚的群众基础。我们如果充分加以利用，发挥精神内动力的作用，发挥体制动员力优势，就会在建设诚信社会的实践活动中，收到事半功倍的效果。

法国 18 世纪的启蒙思想家卢梭认为，社会发展是要付出代价的，他的这一思想主要包括三方面内容：一是科学与艺术的进步要以道德的败坏和社会风尚的颓废为代价；二是人类文明的发展要以人的堕落为代价；三是人类文明的发展造成社会不平等。

卢梭的说法是总结西方社会发展得出的结论，有一定的道理。我们在前面探讨过，中国传统的艺术、文明的内涵与西方是有明显区别的。英文单词 art 是指代创造性表现的作品，也指一门后天习得的技巧、技术；中国人的“艺术”一词，是用群众喜闻乐见的方式把价值理念植入人心的活动，不是为了满足感官的需求，而是通过感官喜爱达到精神需求的满足。西方的文明是人类所创造的物质财富与精神财富的总和；中国人认为文明是能够彰显人与动物区别的事物，是使人身上人类属性的因素得到提升、动物属性的因素得到压制的实践活动，也指这个实践活动的效果。

科学和艺术是社会主体——人的需要，它们为了使人类生活更加美好而存在，科学和艺术的发展如果导致道德的败坏和社会风尚的颓废，那就背离了人的初衷。文明是为了使人类社会群体更加和谐而存在，文明如果使人堕落，使社会更加不公平，这个“文明”就是使人物质化、异化的事物，是导致人格走向反方向的事物。中华传统文化认为，物质资料生产的发展与人格塑造是相辅相成的关系，即所谓“仓廪实而知礼节”。有了物质资料的基础，精神家园的建设应该会更加顺利；精神家园建设会促使物质资料的丰富更加符合义利理念的要求。

艺术的理论去除价值判断，是把人与创造实践分离的观念；经济学理论去除价值判断，是把人与科学直接对立起来的做法。以此理论导致的价值判断和正义标准的异化，就是卢梭认为社会发展是要付出代价的原因。

退一步说，我们在科学技术、艺术、经济发展以后，发现背离了初衷，这就需要治理。这时候如果还没有意识到人的主体地位，而使用外在的手段去极力维护传统价值判断和正义标准，这种做法既花费巨大的社会成本，也不会收到满意的效果。

征信系统是制度建设，人格塑造、诚信意识培育是人的建设，制度建设和人的建设必须同步进行。就其建设的难易程度而言，人格塑造、诚信意识培育要复杂一些、困难一些；就其建设的重要性和社会效果而言，人格塑造、诚信意识培育更加重要。

《易经·系辞下》:“既有典常，苟非其人，道不虚行。”制度建设要和人的建设相适应，制度的正常运作要依靠所有人的积极参与意识得以实现。

仁义礼智信，其中的礼是要求人们遵守社会规范，这个规范既有道德风俗，也有法律制度；其中的智，既有能力培养，也有是非分辨。所以说，仁义礼智信理论能够对当前的法治建设提供有力的支撑作用。

我们在引进西方法律体系时，一定要注意和传统文化价值理念的协调统一，这样制定的法才有可能是良法。“法安天下，德润人心”是社会治理最理想的效果。

我们提倡树立社会主义法律信仰，应该做到“立良法”“正司法”“严执法”“重守法”。只有这样，人们才会有合理的预期。即便如此，法的治理效果也有其局限性，法在作用于社会生活的范围、方式、效果以及实施等方面都存在着一定的局限性。这个局限正好给了传统文化核心价值观发展出来的社会道德发挥作用的地方。

法律是神圣的，但不是神话。法律在从引进、创制到付诸实施的过程中，由于立法者和法律自身的原因及种种客观因素的影响，不可能完全实现其精神和达到预期效果。按照一般思维，与教化相比，颁布法律、加强施行的社会效果会来得快一些，但事实往往并非如此，这与中、西医治病的效果发挥是同样的道理。

在我国现阶段，法治信仰还需要很长一段时间与现实社会相融合，在此期间，中华传统文化恢复正处于社会渴求的态势中，所以能够迅速被社会所接受，也能够及时发挥良好的补位作用。

第八讲　责任担当

“大人”一词，在《易经》中频繁使用。诸如：见龙在田，利见大人；飞龙在天，利见大人；休否，大人吉；用见大人，勿恤；大人虎变，未占有孚……在《易经》卦爻辞中，“大人”一词共出现十一次之多。

汉字是表意文字，在古文中，汉字基本上是单字成词。《易经》不足五千字，大人一词出现十一次，可见当时已经成为一种固定搭配，表达某种单字难以表达的确切意思。

“大人”到底是什么意思呢？甲骨文“大”字的字形是，金文“大”字的字形是，都是一个张开双腿双臂、顶天立地的成年人形象。所以，古文字时代“大”字的意思是顶天立地的成年人。“大人”，就是指思想成熟、能力突出、有责任担当的人。在《易经》中，“大人”一词的含义都是如此。

在《易经》中，“大人”一词和“小人”一词对比出现过两次，也表明“大人”和“小人”是相对的概念。“小”是沙的本字，表示微不足道的事物。“小人”就是没有责任担当的普通人，像小孩子一样，只考虑饱食暖衣，不能担当社会责任的人。

估计是在《易经》中，“大人”和“小人”以对比的形式出现了，后来“大”和“小”两个字才成为字义相反的一对字。而在古文字中，“大”的反义词是“子”，甲骨文字形是，是指挥动两臂、两腿包裹在襁褓中、尚不能独立活动的幼儿。

与《易经》同时期的《诗经》中，也多次出现“大人”一词。《小雅·斯干》：“大人占之：维熊维罴，男子之祥；维虺维蛇，女子之祥。”这里的“大人”，是指周代掌占卜的官员，“大人”是担当一定职权的官员。

《孟子·告子上》：“从其大体为大人，从其小体为小人。”大体为品德修养，小体为本能需求；“大人”是指注重品德修养的人，“小人”是指平凡之人。“耳目之官不思，而蔽于物。”“心之官则思，思则得之。”《孟子》的“大人”与“小人”之说，主要是为了说明品德修养的方法，并无多少褒贬之义。西汉扬雄《法言·学行》：“大人之学也为道，小人之学也为利。”从此，“大人”和“小人”有了格局高下之别，有了褒贬之义。

按照时间顺序，在以后的文献中，“大人”多指身居高位者，如王公贵族，或者是下属对官员的称呼。

总结来说，《易经》中的“大人”是本义，是指有责任担当的人。按照时间顺序，在其他文献中，“大人”含义逐步演变，有了褒贬之义。

有意思的是，在民间口语中，“大人”的意思更接近本义，如妻子尊称自己丈夫为“大人”，孩子尊称父母长辈为“大人”，也有丈夫称妻子为“老婆大人”的。由此看来，“礼失求诸野”的说法不无道理。

一、责任担当是传统文化的特色

责任担当是传统文化的鲜明特色，这个特色在于它是理论演绎的结果而不是随心所欲的说教。中国人认为责任链条是社会运转的内在经络，它使整个社会联系成为一个有机协调的整体，并给这个有机整体注入活力。责任担当这个活力既能够使其保持运转，又能够使其抵御压力而保持平衡。

阴阳五行理论是中国人评价社会系统的基本理论，相生相克而保持系统平衡是阴阳五行理论的内在逻辑。生，是养育护佑；克，是管理限制。生的责任担当比较好理解，克的责任担当怎么理解呢？

《易经·乾卦》：“飞龙在天，利见大人。”有人认为这句话的意思是“飞龙在天上，适宜表现出大人的样子”。持有这种意见的人不在少数，但这种理解是值得商榷的。

首先，在古文字中早期，“在”这个字不可能是虚词，像我们今天认为它是表示方位的介词一样。《论语·颜渊》：“死生有命，富贵在天。”意思是死生、富贵都是依靠命、天等命定性因素决定的。我们不可能把“富贵在天”理解为“富贵在天上”吧？很明显，“在”字是依靠的意思，这是它接近本义的引申。

“飞龙在天，利见大人”一句话准确的解读应该是：在空中快速移动的龙依靠天这个活动场所，就应该表现出大人的样子。天是龙的活动舞台，大人的舞台是百姓的依赖，所以龙必须有所担当去照顾百姓，就像官员和父母一样尽职尽责。

我们在上面列举出“飞龙在天”的两种翻译，这不是可有可无的文字游戏，它包含着深刻的哲理：“飞龙在天”到底是表达一种权利存在，还是表达一种责任意识？

天（核心代表为太阳）是主导者。太阳必须遵循严格的运行规律才能够持久；太阳主导施与阳光雨露，才能够得到万物的景仰。人格化的太阳的责任表现在于，对内严格约束自己，周而复始，更重要的是，对外要忠于职守、无私奉献。

“天无私覆”主要说明天要无偏私、无差别地关爱、滋养万物。“天地不仁，以万物为刍狗”主要说明天对万物既有关爱、滋养的一面，也有疏离、抛弃的一面，天要做到平等，才能使万物和谐相处，生生不息。所以，五行之中，生与克都是责任担当。

阴阳五行理论适用范围大而无外，小而无内，人类社会自然也包含其中。在此理论指导下，古人对社会管理有了坚实的理论依据。这种理论可以超越历史条件，这是中华传统文化数千年流传不息的必然原因。

责任担当不仅仅是“在其位谋其政”。因为有理论的支撑，责任担当就会形成一种社会共识，从古至今都是如此。臣子对于君王，“朝受命而夕饮冰”。天下大事，不仅“肉食者谋之”，“嫠不恤其纬，而忧宗周之陨。”（嫠，音离，寡妇。寡妇不忧无纱线纺布，而忧王室败落。《左传·昭公二十四年》）这是自下而上的责任担当。

“天下兴亡，匹夫有责”，顾炎武用精练的语言把这种责任担当意识推而广之，成为激励一代又一代华夏儿女前赴后继、救亡图存时最响亮的战斗口号。

人人都能够成为君子，人人也应该成为君子，君子就要对天下事有责任担当。修身齐家治国平天下是读书人的志向，“路见不平”则是达官贵人、贩夫走卒皆有的社会责任。

家庭是社会的细胞，父母就像社会管理者，子女就像社会民众一样。中国人有一句口语“养家糊口”，父母有养育儿女的责任担当。“子不教，父之过。”“严是爱，宽是害。”父母也有为社会培养有用之才的责任担当。“父慈子孝”，子女有赡养父母的责任担当。“一举登科，光宗耀祖”，这是子女回报家庭、宗族的责任担当。

理论培养信念，信念支撑勇气，勇气使行动挣脱利害的羁绊，上升到命与义的高度，所以古人有“行事之情，而忘其身”之气概，有“自事其心，知其不可奈何而安之若命”之从容。

二、责任担当的现实意义

中国人自古注重教育，当今社会也是如此，父母对于子女的教育可谓殚精竭虑。然而，与父母对子女全身心付出的教育行动不相称的是，子女并没有期望的那样懂事，责任心的增长并没有表现出与年龄同步增长的预期效果。这是当代教育的一大问题。

有人说："有良知的人有责任心和事业心。"什么是良知呢？《孟子·尽学》："人之所不学而能者，其良能也；所不虑而知者，良知也。"不虑而知是"心之端"，良知养成还需求助于教育实践。

问题出现了，父母们都说："我们都觉得自己太唠叨了，可是也不顶用。孩子还说我们之间有代沟，一句话就怼回来了。"

首先要说明，代沟是不存在的。代沟（generation gap）一词，最早是上世纪60年代末由美国人类学家M.米德在所著《代沟》一书中提出。对于代沟存在与否，西方学者也有激烈的争论，有些心理学家认为绝大多数的年轻人都是能够接受传统价值观的，所以不承认"代沟"的存在。现在大家所谓的代沟，是父母子女之间的心理隔阂问题，是社会发展节奏加快的形势下，人越来越焦虑的一种反应。如果西方人说有代沟存在，可以理解。原因是西方哲学在近代一直受到科学发展的影响被迫在不断变化，哲学理论几乎是各领风骚几十年。人们受现代经济学的影响，价值判断标准也在不断变化。

中国家长对于孩子们的某些做法感到焦虑，大家根据传统价值观和社会经验感到隐忧，但是却说不清原委。如果说西方人在隔代间存在不同价值观，因此代沟是存在的；那么，中国人的价值观在隔代间并没有明显不同，只是受到外界的冲击和挤压，所以代沟之说有些勉强，只是一种流行时尚说法而已。中国哲学理论一以贯之，但是普通人并没有触及；我们价值判断标准虽然在发生某些变化，但是大家从心底还是强烈抵制这种变化的。解决现实的社会问题，这就是传统文化需要大力弘扬的理由之一，这就是弘扬传统文化必须从理论入手的理由。

良知就是没有违心。《左传·桓公六年》："嘉栗旨酒，谓其上下皆有嘉德而无违心也。"这句话翻译过来就是：在祭祀奉献甜酒的时候祝告说"美酒又好又清"，这是说上上下下都有美德而没有背叛之意。

桓公六年，楚国攻打随国。楚国故意示弱给随国，想引诱随国主动攻击。随国贤臣季梁认为这是诱敌之计，和随君进行了一番辩论。季梁认为随小楚大，小国"忠于民而信于神"才能对抗大国，并说"上思利民，忠也；祝史正辞，信也"。随君认为他祭祀时祭品丰盛，可以取信神明。季梁告诉他，百姓是神明的主人，因此圣王团结百姓才能取信于神明。季梁接着解释祝词的含义：祭祀时说"牲口又大又肥"，意思是百姓财力富足；祭祀时说"我把洁净的粮食盛得满满的"，意思是百姓收成很好；祭祀时说"美酒又好又清"，意思是说上上下下都有美德而没有背叛之意；祭品芬芳，就是人心没有邪念意思。随君从而修明政治，楚国很长时间都不敢攻打随国。这个故事说明良知回归的力量，可以使小国赢得大国的敬畏。

这个故事也说明了形式与内涵的关系，只有形式而缺乏内涵，形式是没有效果的。反过来讲，外加的价值判断改变并不值得过多忧虑，中华传统文化传承的断裂才是真正值得忧虑的事情。如果传统文化理论得到普遍认同，价值判断标准回归就只是时间问题。

每年有什么事情能够引起全社会总动员？答案一定是高考。高考制度来源于中国古代科举制度。英雄不问出身，科场一决雌雄，科举决定一切官职。科举制度是欧洲启蒙时期很羡慕的一种社会制度，西方后来也把它吸收了。

高考制度一直实施，但是质疑之声不断。在上个世纪，主要质疑声音是“一纸定终身”。到了21世纪，似乎问题越来越多，社会对高考制度的质疑声可以说是风起云涌。梳理起来，质疑的核心是一次考试不能代表一个人的综合能力水平，高考分数与其人生发展轨迹并不完全重合。

即便如此，高考还是中国当前最公平的一项社会竞争活动，我们想不到可以替代的其他更优方案，更不要说取缔了。与其抱怨，不如改良。实际上，国家对高考的改良一直在进行中，改良的主要方式只是课程设置模式调整而已，没有引入综合能力考察的内容。

《孟子·尽心上》：“得天下英才而教育之。”教者，上所施，下所效也。育者，养子使作善也。所谓大学，成年人格养成的教育机构。大者，成年人；学者，理论交流，修身养性。自古以来，中华传统文化最鲜明的特征是塑造人格。

科学技术在当今世界各国都是太过强势的存在，特别是在科学技术曾经大大落后于西方世界的中国，以至于我们认为除了科学技术这一方面的教育以外，其他的教育可有可无。做任何事情，采取过于简单直接的方法，就不会收到持久、圆满的效果，教育也是如此。

《论语·学而》:“子贡曰 :‘贫而无谄，富而无骄，何如?’子曰 :‘可也。未若贫而乐道，富而好礼者也。’子贡曰 :‘《诗》云，如切如磋，如琢如磨，其斯之谓与?’子曰 :‘赐也！始可与言《诗》已矣，告诸往而知来者。’”贫穷不输气节，富贵不恃优越，这些品德不是天生就有的，是通过人格修养得到的。这些品德的养成，能够使人不会因为地位变迁而改变初心，坚定理想，担当使命，为最终成就事业打下坚实的思想基础。

孔子认为修养应该达成的标准是 :“君子食无求饱，居无求安，敏于事而慎于言，就有道而正焉，可谓好学也已。”通过这样人格塑造实践教育学生，能够使他们内心信念坚定，价值观不为世俗所动摇，能够以积极的态度投入工作实践，时刻自觉加强道德修养，假以时日，想不成才都很难。以古人的教育标准来衡量，我们目前的学校教育无论是理念还是形式都有很大差距。

在物资短缺的年代，穷人孩子早当家，即使学校教育采用与今天基本相同的课程设置，出身贫困而有所成就的现象屡见不鲜。这其中的原因是社会氛围的作用，依附在风俗习惯上的传统文化价值理念没有改变。当时，虽然我们的学校教育设施比较简陋，但是长辈们言传身教的作用扛起了大梁，加上风俗习惯的熏陶作用，大家普遍感觉到以前的孩子心理成熟比较早。

现阶段，社会氛围促进作用逐渐弱化，学校教育的普遍现象是考试成绩优秀，进入社会成才几率不高。教育是关系国家未来的重大工程，不可等闲视之。

教育改革是全社会关注的热点，可以说人人都在建言献策。我们以为，补充自信自重、自立自强、责任担当的人格教育内容，才是我们现阶段学校教育应该改革的核心问题。立足中国的实际，教育改革的最佳方式就是增加中华传统文化课程。中华传统文化教育课程不同于现行的语文和历史课程，应该以中国哲学理论为主，辅助以研学实践内容。

在中小学阶段，学生们心中有清晰明确的学习任务，外部有家庭、学校、社会施加的浓厚促学氛围，所以中国中小学学生功课是很不错，因此也显得教育效果很成功。学生们进入大学阶段以后，同时也跨入成年门槛，独立选择、自我约束、自我管理能力就成了促进学习进步的主要因素。大学毕业进入社会以后，世俗事务扑面而来，各种生活和工作压力叠加在一起，有几个人能够抵抗诱惑、顶住压力而坚守自己人生理想与使命？就像有些网友所说的那样：我们都淹没在功利性活动中，最后沦为自己曾经最反感的那种人。

这也是一个世界性的问题。国外有机构曾经做过调查，包括国际知名高校在内，在校学生中有明确人生规划或方向目标的人，大约只占到总数的3%左右。社会跟踪调查的结果是，这3%的人基本上都实现了自己理想的人生。

如果我们在中小学阶段针对性地加入中华传统文化教育课程，学生们从小读诗诵经，张口子曰诗云，有这些闪耀古今的思想理论精华的加持，中国在校学生中有明确人生规划或方向目标的人，应该能够大大超过3%吧。

有人对几十年以来各省高考状元做过跟踪调查，发现这些曾经在中学阶段非常优秀的孩子，进入社会以后所取得的成就与当初的辉煌高考成绩吻合度不大，有些人甚至是相差很远。不可否认，在中学阶段成绩出众的学生，都是具有很强学习能力的希望之才，他们这种学习能力如果能够持续发挥，最终取得好的成就是理所当然的。

大家习惯把这种现象归结为应试教育的恶果，但是这种认识没有找准问题的核心。未成年人当然需要明确的短期目标激励，应试教育也是人生修养的重要过程，同时也完全有可能培养好除了成绩以外的好习惯、好意识，这些习惯和意识将是他们人生中宝贵的财富。也有人认为，现在的教育问题是中学阶段用力过猛，以至于学生在上大学以后失去学习兴趣，这种说法不值一驳。

开什么科取什么士。我们不能否认高考的指挥棒作用，也完全可以借助高考的指挥棒作用。优秀中华传统文化进校园是固本工程、铸魂工程、打底色的工程，这已经成为大家的共识，教育改革能否借助高考指挥棒的作用弘扬传统文化，同时达到帮助学子走好人生道路的效果，我们拭目以待。

三、弘扬传统文化是时代的责任担当

弘扬中华传统文化面临的最大障碍就是文化自信不足的问题，搬除这个障碍需要中国传统哲学理论的真正确立，确立中国传统哲学理论工作需要我们这一代人的责任担当。

有网友发过一个帖子，读起来很有意思。

> 五千年前，我们和古埃及人一样面对洪水；四千年前，我们同古巴比伦人一样铸造青铜器；三千年前，我们和古希腊人一样思考哲学；两千年前，我们和古罗马人一样四处征战；一千年前，我们和阿拉伯人一样，无比富足；历经百年苦难，现在我们和美利坚人一较长短。五千年以来，我们一直在世界的牌桌上，而我们的对手却已经换了好几轮。

这个有趣的帖子语言风格诙谐幽默，内容基本上也是历史事实，除了哲学以外。中国哲学起始时间恐怕要比大家普遍认识的时间早得多。中国哲学在中华传统文化中的作用就像一个城市规划图一样，基本理论一经确立，就再也没有改变过，这是中国哲学与西方哲学最明显的不同之处。

中华文明是唯一流传至今的文明，历史的实践让我们有理由相信，我们必将战胜一切艰难险阻，让中华文明永远流传下去，这是我们的文化自信。西方文明则不同，即使在近代，西方帝国主义列强的霸主也是走马灯一样换个不停，从最初的葡萄牙、西班牙、荷兰到英国、法国、德国，霸主最后落在美利坚的头上。

日裔美籍学者弗朗西斯·福山在1988年撰文认为：苏联解体、东欧剧变、冷战的结束，标志着共产主义的终结，历史的发展只有一条路，即西方的市场经济和自由民主政治。在他看来，人类社会的发展史，就是一部“以自由民主制度为方向的人类普世史”。自由民主制度是“人类意识形态发展的终点”和“人类最后一种统治形式”。

事情并没有就此结束。2014年，福山在美国《外交》(Foreign Affairs)双月刊9/10月号上撰文《衰败的美利坚——政治制度失灵的根源》，细剖美国政治制度诸多流弊，结尾感叹改革无望“死路一条”(No Way Out)，又一次引发学界广泛关注。

福山认为美国社会改革无望，他列举出美国衰败的原因，更是让人耳目一新，概括起来一共有四点。

第一，民主是为了避免行政过程中滥用公权力，但是阻止滥用公权力的制度也会成为一种滥用公权力。泛滥的民主使这个国家的改革寸步难行。公民社会(公众利益组织)更是加剧了这一趋势。

第二，利益集团的形成和影响力蔓延，侵蚀人们对政府的信任，人们出于对政府的不信任就会要求行政部门接受更多的司法审查，这导致政府僵化、墨守成规，缺乏创造力和连贯性。立法的过程遭到分配联盟的俘获，即便立了法，分配联盟再通过司法程序百般阻挠它的执行。

第三，行政司法化使国家体制笨重。国会和立法机构攫取权力，使政府范围大大扩张，而又不赋予政府自主权。就是说，所有的政治、所有的治理都要通过立法。

第四，福山通过政治献金问题，说明从自由到特权是一步之遥。美国最高法院判决认为政治献金没有上限，这是宪法所说的言论自由。给政治献金设上限违反言论自由，维护言论自由的后果就是维护金钱的威力，而金钱的威力是现实的特权。

福山在《历史的终结》一书中认为的美国社会制度优点，诸如民主、公民社会、法治、自由等，现在竟然都成了缺点。时隔二十六年，福山的观点为什么会发生这样大的变化呢？我们用中华传统文化的思维试作简单分析。

第一，国家治理体系包括政治制度和社会主体两部分。社会主体是人，因为人的因素复杂而难以条理化分析，西方人又倾向于把一切问题的分析科学化，所以有意无意地会省略这方面的内容，就像他们研究经济学一样。但是，人是社会主体，制度是由人在制定和执行，人在社会治理中的作用不可忽视，甚至大于制度的作用。“人能弘道，非道弘人。”中国历史上历代王朝更替说明，社会主体出现问题，制度往往是无可奈何的。把一切问题的解决都寄希望于建立一套完善的制度来完成，是最大的官僚主义。

第二，中国历史上历代王朝更替也表明，王朝初期所依靠成功取得政权的制度，在王朝后期却无一例外地成了王朝覆灭的原因。这充分体现了“一阴一阳之谓道”的思想。从福山分析美国政治制度流弊中，这一点表现得非常清楚。物极必反的道理西方人理解起来可能有难度。

第三，没有任何一个国家会一直强盛不衰，衰败不是问题，衰败后能不能复兴才是问题。文化是一个民族生存与发展的精神源泉，源泉丰沛的河流虽然千折百回，却不会断流；文化生命力弱，河流源头补充力量不足，国运就会像内陆河一样渐行渐止。

第四，福山《历史的终结》一书中，最基础的理论依据是柏拉图关于人的灵魂有三部分（欲望、理性和激情）理论。柏拉图是西方哲学主要奠基人，他的理论是西方人不可违背的原则。在中国人看来，灵魂三部分理论却存在问题，这个问题就是三部分的关联性问题。欲望是由内向外生发的，所以能够作为灵魂基本组成部分；理性更像是欲望的补充，而达不到和欲望同等的地位，也不是由欲望演绎的结果；至于激情，更像是一块补丁，它的存在只是为了让理论体系从外看起来比较完整而已。与此相对应，中国人关于灵魂的理论是“饮食男女，人之大欲存焉”和“心之四端”引申出来的“仁义礼智信”。制度除了要有满足人的欲望的责任以外，还要有教化人的义务，任何制度都无法满足张扬的欲望，却会被它拖向衰亡。黑格尔关于“寻求承认”的理论，是由柏拉图理论演绎而来，演绎过程建立在不可确定的预设之上，更像是为现存事实洗地。

近代以来，西方哲学随着科学的发展被迫发展，这就说明它的基本性与普遍性存在问题。中西方哲学最初的分歧，正好是西方引以为傲的形而上学。本体论直接抛弃了对事物过程的研究，转而研究相对容易把握的所谓本质。中国人则是把本体论与过程论都纳入研究范围，而且以过程论为主。

反观当今，我们基本上丢弃了传统的整体性思维、辩证性理念，正在照搬从西方学来的一套做法。经过我们几十年反复实践，发现效果并不理想，这也是需要树立文化自信的理由之一。我们当下要做的就是梳理中华传统文化的核心理论，并让它为我们当下和未来做指路的明灯。

中华民族历来是注重教育的民族，我们对待教育的态度在今天也没有丝毫改变。值得注意的是，我们今天的学校教育内容基本上西方化了，传统文化只剩下诗词歌赋等外在的形式。塑造人格、治理社会一直是传统教育最突出的特征，而且是当今急需重新纳入教育核心体系的内容。当世界都在研究中华文明的时候，我们却正在本土培养出一批一批的准“香蕉人”。传统文化教育的缺失正好是造成当今社会焦虑问题的重要原因之一。

中华传统文化既然能够穿越几千年的风风雨雨，我们有理由相信它也能够经受得住今天社会变革的考验。我们研究传统文化核心理论就能够发现，传统文化在今天仍然具有鲜活的生命力。说它具有鲜活的生命力，是因为它有两点主要表现：一是能够对当今社会治理发挥独特效用，二是对未来科学技术的发展有指导和引领的能力。关于这个命题，我们将在第十讲中再做详细的分析。

同时，我们也要清醒认识到中华传统文化传承和弘扬的艰巨性。我们都知道，中华传统文化理论生发出中医理论和技术，中医在几千年历史进程中救死扶伤，为中华民族做出了难以估量的贡献。即便如此，在当今还是受到种种排挤而艰难生存着。中医真的落后了吗？可以负责任地讲，中医在当今的很多疾病治疗中依旧发挥着独特甚至是不可替代的作用。有人说，在世界范围从来未见过一个民族这样起劲地消灭本民族的文化传统，这样起劲地消灭本民族的医学。这就是我们所说的传承和弘扬中华传统文化的艰巨性所在。

20 世纪初，洛克菲勒集团在中国先是派人挨家挨户免费送煤油灯，然后在自己的洋行门市部出售煤油，对于有本集团标志的煤油灯给予优惠价格。没过多久，洛克菲勒集团就成了中国煤油灯的独家供货商。中国人口众多，洛克菲勒集团的药品帝国对中国医药市场窥视已久。可是中医在中国深入人心，妨碍了它垄断发财之梦的实现。洛克菲勒集团策划了一个类似送煤油灯的策略，于 1915 年在中国成立了协和医学院，把西医打进来，并以学术基金会的名义免费培训中国人学习西医。

2004 年，美国人汉斯·鲁斯克撰写了《洛克菲勒药品帝国的真相》，将洛克菲勒对中医的阴谋策划和盘托出。汉斯·鲁斯克在书中这样写道："医学院校被告知，如果它们想从洛克菲勒慷慨的赠予中得到好处，它们必须让五亿中国人信服地把他们经过多少个世纪检验的安全、有效却又廉价的草药扔到垃圾箱里，让中国人民赞成使用美国制造的昂贵的有致癌、致畸作用的'神'药，当这些药致命的副作用再也掩盖不住的时候，则需要不断地用新药来替代。如果他们不能通过大规模的动物实验来'验证'他们古老的疗法的有效性，这就不能认为有任何'科学价值'。西医对几千年来证实的针灸对人类的有效性毫不关心。"这样一来，他们就绕开了中医最具竞争力的方面，从思想上让老百姓知道科学是最好的东西，中医不科学。洛克菲勒教育基金会还出资以拯救中医中药的名义，帮助中药现代化、科学化和国际化，中医学院学习解剖学而不再重视学习《黄帝内经》，再后来就有人提出“废医存药”之说，最终使传统中医学理论逐渐被大家淡忘，中医传承处于断代的尴尬境地。

按照以上这种说法，中医被边缘化主要是因为洛克菲勒集团的阴谋，其实这种说法有些偏颇，或者说是太高看洛克菲勒集团了，流传几千年的中医不是一家药企能够打败的，哪怕它是世界上最大的医药卡特尔垄断组织。不是所有人都贪小便宜，不是所有人都能够被收买；肉食者以洋为能时，民间就有“出洋相”一词诞生。

20 世纪 40 年代，青霉素正式用于临床治疗，这种神奇药物使西医也开始披上了神一样的光环，一时间风头无两。在西医排挤中医过程中，抗生素和其他现代科技的助力作用也不可小视。

可是西医这种对抗性的治疗方法很快就出现了危机。20 世纪 70 年代，5 万单位的青霉素就有起死回生一样的神奇效果；随着病菌耐药性的提高，三十多年过去，静脉注射每日最高使用剂量达到 2000 万单位，即便如此，青霉素的疗效也是差强人意，而过敏反应和大剂量使用的神经毒性让医生用药变得小心翼翼。

随着技术的进步，越来越多种类的抗生素被发现，这些抗生素救助了成千上万的病菌感染患者，然而随着抗生素的普遍使用，病菌耐药性的问题也随之而来，抗生素有效性出现危机。虽然仍有新药在研发中，但是细菌耐药性的发展速度却远高于人们发明新药的速度。这样的现状使人们不得不思考一个问题，一旦抗生素无效，西医应该怎么应对？不幸的是，西医已经染上严重的抗生素依赖症，离开抗生素，西医还能做什么呢？那些鄙视中医的人显然是在刻意回避这个问题。

与西医的对抗性治疗原理不同，中医是通过调节肌体自身的免疫力，达到疾病消除的目的，它不直接针对病原体作用，所以根本就没有抗药性困扰的问题。

基辛格认为中西方人思想有差别，这个差别来自于哲学理论的不同，他说："美国人认为如果一个问题出现了，那么就一定能找到办法解决那个问题；而中国人却认为，问题不可能获得根本性解决，每一个解决方案都会引发新的问题。"中医系统性思维、西医对抗性疗法这两种医疗理论和中国人崇尚自强不息、西方依赖外在物质力量的思想一脉相承。

虽说冰冻三尺非一日之寒，但是万丈冰川也有融化之时。使国人回归中华传统文化和使国人重新审视中医中药同样任重道远，需要一代人的责任担当。

第九讲　大道之源

大道，是指文化理论中根本性的理论。中国古人认为，大道就像河流一样，它的生命力有赖于一个永不枯竭的源泉滋养，这个源泉就是中华传统文化最主要的经典之一《易经》。先秦诸子百家思想都可以称为大道，它们共同的源泉滋养就是《易经》。

初唐时期的书法家、政治家虞世南认为："不读易不可为将相。"他的这种看法得到后世之人的普遍认可。在他以前，学习《易经》是提升思想修养的功课；在他以后，学习《易经》俨然成为做官从政的必需。这就使得《易经》在国人心目中的地位得以进一步巩固和提升。

现代人又是怎样评价《易经》的呢？

毛泽东说："中国古人讲'一阴一阳之谓道'，不能只有阴没有阳，或者只有阳没有阴，这是古代的两点论，形而上学是一点论……”

冯友兰先生认为：“《周易》不仅是中国的，也是东方的，更是世界的；不仅是古代的，也是现代的，更是未来的。”

德国著名哲学家黑格尔说：“《易经》代表了中国人的智慧。”

瑞士心理学家卡尔·荣格认为：“谈到世界人类唯一的智慧宝典，首推中国的《易经》，在科学方面，我们所得出的定律常常是短命的，或被后来的事实所推翻，唯独中国的《易经》亘古常新，相距数千年之久，依然具有价值，而与最新的原子物理学颇多相同的地方。”

在世人眼中，中华传统文化本来就有一种神秘色彩。即使我们从来没有读过《易经》，从古今中外这些著名人物的言论中，也能够体会到它的伟大与神秘之处。

这一讲，我们专门探讨一下《易经》，揭开传统文化“大道之源”的层层神秘面纱，让大家能够近距离触摸它、了解它、喜欢它，最终的目的是在人生历程中，时时刻刻都能够借助它给予我们的智慧和力量。

一、《易经》简介

西学东渐以后，自古作为显学的《易经》，慢慢变成神秘文化存在着，很长一段时间远离中国普通大众的视野。至于《易经》为什么是神秘文化，其实这是西方文化传播造成的错觉。与中华传统文化比较，西方文化存在着某些思想维度的缺失，但是西方文化因西方科学技术的领先而被作为标准范式得到国民普遍认可，取代了《易经》以及中华传统文化显学的地位。

因为《易经》远离大家视野太久，所以它对于普通人来说很陌生，我们有必要先做一些简单的介绍。在本书第三讲也有对《易经》的部分介绍，我们反复介绍的目的就是通过重复让大家尽快熟悉它。

1. 名称解读

经，本义是纺织或编织时使用的纵线。经线布置好以后，纬线以经线为架构进行纺织或编织作业。显然，凡是能够称为经的典籍，其理论就具有普遍性和基本性的特征，像经线能够贯通纺织作业全过程一样，具有贯通古今、超越时代的价值和能力。

首先要澄清的一个问题是："易"不是日月。"易为日月"是流传甚广的一种解读，然而这是一种误读。

"易"字的甲骨文字形是，像将一个有抓柄的器皿中的液体（水），倒入另一个没有抓柄的器皿中。有的"易"字甲骨文字形是=（器皿的手把，代表有把的器皿）+（倾倒的液体），虽然字形已经大大简化，但仍保留了"注液"的含义。

"易"字的金文字形是，像一个有手把的盛器里装着锡液

（水），字形进一步简化。有的金文字形将盛器形状简化成了，将抓柄形状写成了似“日”非“日”的形状。

由此可见，“易”字的造字本义，是将容器中低熔点的锡注入模具，铸造新器皿。“易”是“锡”的本字。锡的熔点低，是铸器的好材料，古人发现“熔锡铸器”，好操作，不费事。引申义有：交换、变更（动词）；轻松、不费劲（形容词）。这两种引申义就是“易”字在今天比较常用的两个义项。

《易·系辞传下》：“《易》之为书也，广大悉备。有天道焉，有人道焉，有地道焉。”仔细研读《系辞传》，其中出现的“易”字的字义，多数情况下是“周全完备”的意思，特别是在和“简”作对比出现的时候，其字义就是“周全完备”。

《论语》：“林放问礼之本。子曰：‘大哉问！礼，与其奢也，宁俭；丧，与其易也，宁戚。’”大家普遍认为，“易”字在这里是周全完备的意思。

我们可以这样设想一下，铸造工艺比起其他的金属加工工艺能够制作器型比较复杂的器物，“易”字在古代有“周全完备”的意思，是否由此引申而来？

2. 易历三圣

古人认为，《易经》是历经远古时期的伏羲氏、中古时期的周文王、近古时期的孔子三位圣人的著作，最后才修撰完成的。这种说法很有道理。

伏羲氏是距今约八千年前生活在黄河流域、秦岭北麓的一个氏族首领，当时社会尚处于渔猎时期。在伏羲氏以前，中国人已经创立了阴阳的思想理论。据说是受到河图的启发，伏羲氏创立了五行和八卦理论。中国哲学理论的创立时间，应该从伏羲氏时期算起，阴阳、五行、八卦理论贯穿中国哲学发展始终，伏羲氏的贡献具有里程碑式的意义。伏羲氏对于《易经》的贡献在于两点：一是他创立的哲学理论是《易经》的理论基础；二是他创立六十四卦，《易经》借用了这个架构。

《易经》内容由六十四卦组成，六十四卦就是六十四个哲学命题。周文王是后稷的直系子孙，后稷是中国农业的鼻祖。周文王及其族人继承了家族传统的生产方式，使家族兴旺发达。他总结前人关于农耕文明的思想成就，使农耕文明思想达到成熟化、体系化的高度。周文王利用古人演绎的六十四卦构架，把农耕文明思想体系分解为六十四个哲学命题，这就是后世人所看到的《易经》。

孔子对《易经》的贡献是创作《易传》，《易传》是对《易经》的注释和发展。传，在古代是一种文体格式，属于古籍注释体例之一。比如《春秋》有《左传》《公羊传》《穀梁传》三个注释文献。

孔子对《易经》的贡献在于三点。

第一，他全面准确地注释了《易经》经文。春秋时期，古文字发生很大演变，人们的书写阅读习惯产生很大变化，在这种情况下，《易传》能够使当时的人和后世的人更容易准确理解经文含义。

第二，他把农耕文明的哲学思想进一步发展，这在象辞、彖辞中有明显的体现。后世有人认为孔子是曲解经文，甚至在注解《易经》时刻意省略了孔子所作的《易传》部分。

我们熟悉的“文明”“文化”这些词语，均出自《易传》内容。今天，我们说“要做文明人”“要有文化”，试想一下，假如没有孔子所作的《易传》，我们对“文明”“文化”又将怎么理解和怎么表达呢?

第三，在《易传》中，包含中国传统哲学产生、发展的历史线索。根据《易传》的内容，我们可以推测中国哲学的发展脉络和基本理论体系。

3.《易经》架构

学习《易经》，首先要对它的架构做一个最基本的认识。六十四卦是六十四个哲学命题，并且奇偶相连的两个卦表达的哲学命题有一定的相关性，这种相关性被称为“相耦”。

每一卦内容可以分解成七个部分，分别是卦名、卦辞、彖辞、大象辞、爻名、爻辞和小象辞。其中《乾卦》《坤卦》与其他卦相比有所不同，其内容分为八个部分，多了《文言传》部分。

卦名是每一卦的纲领，准确解读卦名有助于深刻理解卦义。每一卦一开始，接着卦名的内容是卦辞，它是对卦义的论述。卦辞后面接下来的内容是彖辞，就是“彖曰”的部分，这是对卦辞做解读和注释，是孔子所作。彖辞接下来的内容是大象，就是“象曰”的部分。称它为大象，是为了和爻辞后面的象辞区分。大象是孔子发挥性解读卦义，内容与卦辞关联性不大；大象充分表达了儒家的学术思想和价值观念，六十四卦的大象辞合起来也能构成一个独立的思想体系。大象接下来的内容是爻辞部分。爻辞又分为并列的六个部分，每一部分分别是由爻名、爻辞和小象组成，小象是对爻辞的注释与解读。

每一卦都有六个爻，可以理解为每一个大命题是由六个子命题组成，就像我们今天写论文一样，分成六个层次来加以论述。每个卦有六爻，也可以称之为“六段论”。

爻名是爻的代号，由两部分组成。第一部分表示位置，用词是：初、二、三、四、五、上，相当于一、二、三、四、五、六。第二部分是属性，用词是六和九；六代表阴，九代表阳。爻名的组成规则是：初和上位置在前，属性在后，其余爻名属性在前，位置在后。比如：初六、初九、上六、上九，六二、九三、六四、九五等等。

《易经》分为上经和下经两部分，这种分法的含义是历代注解《易经》的人所关注的问题，也是大家想搞清楚的谜团之一。历代解读《易经》的学者，对于这个问题的看法不尽一致，我在此表明自己对于这个问题的观点，供大家共同探讨。

整个《易经》以《乾卦》和《坤卦》为纲，即事物的变化根源及其遵循的变化规律。《屯卦》和《蒙卦》既是全经的引子，也是上经的引子；上经以《需卦》为纲，讨论物质需求，从天道启示、人间正途进行递进论述，强调客观依循的必须性，其结果具有必然性、重要性；上经也包含《乾卦》《坤卦》《屯卦》和《蒙卦》在内。下经以《咸卦》为纲，讨论共同心思，从情感共性、个人选择进行递进论述，阐述主观意识的选择性，其结果具有多样性、复杂性。

六十四卦的排列有一定顺序，需要说明的是，这个顺序是按照线索关系组织的，而不是按照逻辑关系组织的。关于卦序的内容在《序卦传》中有介绍。《序卦传》是《易传》的组成部分。

二、《易经》是中国哲学纲领性典籍

中国哲学从伏羲氏创立五行八卦理论开始，发展到周文王时期，已经进入发展成熟和全面应用阶段。《易经》是农耕文明哲学思想的全面深刻分析阐述，我们用举例的方式来说明这个问题。

我们重点讨论《需卦》。因为《需卦》集中阐述了中国人关于物质资料的理念，这些理念合起来构成中国人物质价值判断体系，这个体系是中国传统价值观十分重要的组成部分。

人类的生存依赖物质资料，古人认为最基本（或者说最有代表性）的物质资料就是水和食物。《系辞传》："需者，饮食之道。"《需卦》彖辞："刚中而不陷。"两者表达的意思是一致的。古人认为，唯有"饮食"能够代表物质资料，唯有"饮食"才是真正的"刚需"。《需卦》用饮食指代人类生存所依赖的一切物质资料，可谓抓住了本质与核心。

"需"字金文字形是，像一个人把雨水藏在腋下，表示拥有上天赐予的雨水。在农业社会，土地、阳光、劳作、雨水等共同构成农业生产的基本条件，因为雨水难以准确预测，因而成为农业生产最主

要的决定因素。这样一来，中国人自古以水为财富象征的理念就不难理解了。

需，是人们正当的、基本的物质诉求。获得诚信，坦荡光明才会行事畅通，保持真诚就会吉祥。需，有其与生俱来的正当性，并且不可能削减，它会驱使人们冒险犯难在所不惜，即经文中所说的徒步去蹚过大河。

《需卦》六爻，是从六个层面和角度对物质资料的价值观念进行论述。

（初九）社会财富的分配应该像雨水均匀地散布在郊野一样。上天让每一个人出生，同时也给了他生存的基础物质。这是中国传统文化中对物质财富的总观点。儒家从这个观点出发，提出以仁为核心的思想。法家从这个观点出发，提出“不别亲疏，不殊贵贱，一断于法”的平等思想。道家认为“天之道，损有余而补不足”，与之相反的是“人之道，损不足以奉有余”，以此奉劝人们抛除对物质孜孜以求的妄念，使自己心境得到解放。

（九二）天雨平均，地势不平，所以每个人实际得到是不一样的。完全的平均是不可能的，也是没有必要的。自己拥有财富而能够与大家分享，哪怕是自己多得，别人少得，这是能够被大家接受的。

（九三）如果认为自己现在拥有的物质资料就是理所当然的，滴水不漏而拒绝与大家分享，就会招致别人用暴力手段去获得它。

（六四）用真心实意、言无二致的做法去分配物质资料，再加上用公平正义去满足人的精神需求，这就是王者所为。真正的王者，即使引领人们去冒险犯难，大家也义无反顾。

（九五）君王用真心实意、言无二致的做法去分配物质资料、用激励措施去激发人们的积极性，这是施政的前提，也是需要恒久坚持的原则。手段与目的必须是以正义为前提，才能够做到长治久安，天下太平。

（上六）拥有超过一般水平的财富，必然会被别人觊觎，这是财富的伴生效应，需要正确对待。如果不明白这一点，财富给人们带来的将是无穷无尽的烦恼。

诸子百家的代表是儒、道、法三家。儒家的仁爱思想、道家的超脱物欲思想、法家的平等思想，都能够从《需卦》中看到明显的影子。

因为物质资料是天以降雨的形式赐予，均匀广布而不分高低贵贱，所以每个人天生都有获取生存必须的物质资料的理由，这就是儒家仁爱思想产生的基础。

有阴就有阳，物质资料丰富就有其伴生效应。如果过度攫取，就难免受其所累而失去人的本性。这就是道家超脱物欲思想产生的基础。

天雨降落本来是平均广布，因地势不平而形成实际上的不均，所以人们有追求物质资料的本能，就像生物逐水而居一样。太阳使水在天地之间不停地循环，就像是力图达到机会均等、财富平均的目的一样，社会管理者的基本职责也是如此。法家以平等为基础，根据人们趋利避害的本能制定律令，依靠律令实现公平有序的社会秩序的想法，恐怕也是由此得到启示，找到理论依据的吧。

理论是多元化的，其抽象的基点也各有不同。还有些哲学理论是以生产工具、科学技术、劳动等作为基点的，它的基础性和广泛性就不够充分。

通过《易经》的学习，理清中华文明理论体系，就会充分认识到农耕文明的理论内涵深刻、胸怀博大，它正视需求而不执着物欲，论点选择准确而论证不偏不倚，充分体现了“一阴一阳之谓道”的哲理。

《乾卦》《坤卦》和《需卦》是阐述农耕文明价值理念的三个理论支点。可以这样认为：天、地是农耕的大前提，是雨水把人类与天地连接起来。

道教是中国的本土宗教，道教有三官：天官、地官、水官，并有天官赐福、地官赦罪、水官解厄之说。《易经》是道教的经典之一。天官、地官、水官与《易经》的《乾卦》《坤卦》《需卦》正好相吻合。

传播、巩固和强化文化价值理念，往往需要借助神话故事。中国人封神的故事就来源于武王伐纣、周朝建立这个历史事实，这个历史事实正好与《易经》成书是同一时期。由此可以判断，这些神话故事并不是随意创作的，也不可能是由民间传唱而自然生成的。封神的故事所宣扬的仁、义、礼、智、信，就是农耕文明的价值理念。中国人从小就听着这些神话故事长大成人，这是中国人身上农耕文明的文化基因生生不息的一个重要原因。

我们不仅需要对《易经》进行深入研究，理清传统文化的思想体系，而且要对本土宗教与习俗给予充分的尊重。这样一来，我们的传统文化建设就有了理论支撑与通俗传播两个支柱，文化自信就会内涵深刻而形式丰满，就不会停留在简单空泛的概念之中。

三、《易经》是农耕文明价值和方法论的总和

《系辞传》:“无有师保如临父母。”是说有《易经》在手，即使没有师（引领者与提醒者）相伴，没有父母呵护，也好像受到高人的引领与提醒、得到父母的呵护一样安稳踏实。《易经》这种对人生的引领、提醒、呵护，是为了使人们的行为遵循某一种价值理念。《易经》能够做到这一点，是因为它的价值理念如百科全书一样全面，如哲学理论一样深刻。

价值原是商品交换的等值标准，借指有助于促进道德上的真、善、美的行为标准。价值是抽象的概念，它存在于每一个人的内心，看不见，摸不着，但是却时时处处起作用，指导人的思想，支配人的行动。

《庄子・人间世》:“内直者，与天为徒。”直，是完全依照某种规则行事。与天为徒就是效法天地之道。《易经・系辞传》:“法象莫大乎天地；变通莫大乎四时，悬象著明莫大乎日月。”是说农耕文明的价值理念与天地、四时、日月融为一体，以求天地人和谐相处。因为它有普遍性和基础性，所以能够超越时代的限制。

价值理念是有层次的，在《易经》中，就有吉、凶、悔、吝的价值判断。我们把这些价值判断分成三个层次，依次是：是非、善恶、美丑。

是非是对错判断，以不损人利己为判准，具有功利性。卦爻辞中的“无咎”就是是非判断，功利有眼前与长远之分，有根本与局部之别，做到无咎，就符合长远与根本的要求，即可心安理得。“悔”“吝”就是偏离是非判断而导致的结果。《易经》中含有“无咎”的卦爻辞共计九十四处之多，选择摘录如下：

《乾卦·九三》：君子终日乾乾，夕惕若厉，无咎；

《坤卦·六四》：括囊，无咎，无誉；

《需卦·初九》：需于郊，利用恒，无咎；

《师卦》：丈人，吉，无咎；

《履卦·初九》：素履往，无咎；

《泰卦·九三》：无平不陂，无往不复。艰贞，无咎；

《大有卦·初九》：无交害，匪咎。艰则无咎；

《大有卦·九二》：大车以载，有攸往，无咎；

《大过卦·上六》：过涉灭顶，凶。无咎；

《坎卦·六四》：樽酒簋贰，用缶纳约自牖。终无咎；

《损卦》：损，有孚，元吉。无咎；

……

无咎还有几种特殊情况。“艰贞无咎”的前提条件是艰贞，如果不能做到艰贞，就有责任了，这就有明显的价值要求。“往无咎”是指眼前承担一定的责任，随着时间流逝，需要承担的责任就消失了。在“无咎”前面已经有吉、凶判断，如《巽卦·九二》：巽在床下，用史巫纷若，吉，无咎；《大过卦·上六》：过涉灭顶，凶。无咎。无咎的价值判断就很值得品味，“用史巫纷若”既是是非问题，同时也是美丑问题。“过涉灭顶”首先是必须的行为，就像战士需要牺牲一样，也唯有这样才符合是非判断。在“无咎”前面加上行为主体的客观性质，是价值判断细化的要求，价值判断不能脱离主体一概而论，如《观卦·初六》：童观，小人无咎；《观卦·九五》：观我生，君子无咎。

《萃卦》六爻都有“无咎”，这充分显示了社会的复杂性。萃，就是人为了某种需要离开家庭而汇聚到一起，或者彼此之间需要产生联系、联合，单枪匹马的人力量有限，汇聚起来的人彼此之间又矛盾丛生，处理这些矛盾就是社会治理，社会治理的基本要求就是“无咎”，调和所有人的诉求和利益，达到相安无事的总目标。

善恶是比是非更高层级的价值判断。《论语·宪问》：“以直报怨，以德报德。”如果说“直”是指依规办事，在是非层级，德就是倾注情感，超越是非，上升到善恶层级。

“吉凶者，失得之象也。”《易经》所谓的失得，是符合道义、方式合宜的结果。所以，卦爻辞中的吉凶之说，有些是做事方法所得到的后果，即得失，更多的是善恶的价值判断，价值观和方法论都在其中。《易经》中含有吉凶的卦爻辞共有一百八十六处之多，我们摘录一些：

《屯卦·六四》：乘马班如，求婚媾。往吉；

《屯卦·九五》：屯其膏。小贞，吉；大贞，凶；

《需卦》：需，有孚，光亨，贞吉；

《需卦·九二》：需于沙，小有言，终吉；

《履卦·九四》：履虎尾，愬愬，终吉；

《否卦·六二》：包承，小人吉；

《否卦·九五》：休否，大人吉；

《家人卦·六四》：富家，大吉；

《睽卦》：睽，小事吉；

《中孚卦》：中孚，豚鱼，吉；

《小过卦》：小过，亨，利贞。可小事，不可大事。飞鸟遗之音，不宜上宜下，大吉；

……

“大吉”不是“大大的吉祥”，是“有担当才能有所获得”，这既是价值判断，也是方法要求。如《家人卦·六四》：富家，大吉。“贞吉”对价值要求大于方法要求，“贞凶”比较多地反映方法论。“往吉”“终吉”是说好的结果有赖于信念的坚持，方法与价值同等重要。《中孚卦》：中孚，豚鱼，吉。这是典型的善恶价值判断，是对诚信这个价值观的坚守和弘扬。《睽卦》：睽，小事吉。这是说时势对于行为目标的作用，脱离具体环境谈论价值观和方法论都是没有现实意义的。

时势和行为主体决定事情发展的结果。《否卦·六二》：包承，小人吉；《否卦·九五》：休否，大人吉。同样的时势，不同的行为主体结果迥然不同，《恒卦·六五》：恒其德，贞。妇人吉，夫子凶。这些都反映出价值判断的复杂性。

《颐卦》阐述的是物质利益的分配，这是社会矛盾的集中点，所以卦辞和六爻爻辞都有明确的吉凶。这也说明物质资料是上层建筑的基础，价值判断与物质利益紧密相连。价值通过选择体现出来，善恶是选择的出发点，也是选择的结果。

除了吉凶以外，有些卦爻辞也包含价值判断和方法选择。如"无不利"就是价值判断正当的结果，"亨"就是方法选择得当的效果。

在卦爻辞中，还有一种特殊的判断是"元吉"，它与"吉"有相同之处，也有不同之处。"元吉"就是"自始至终都吉祥"，反映的是行为符合利害关系的是非判断，既包含善恶判断，又超越是非与善恶，是一种超越时空限制而值得弘扬的价值理念。"自始至终"既是行为过程，也是指行为的社会适应性，这种行为在任何社会、任何时候都是值得赞许的。列举如下。

《坤卦·六五》：黄裳，元吉。爻辞所述和谐、和睦、谦逊的美德，在任何地域都是受到大家欢迎的，在任何社会形态下都是通行无阻的。

《讼卦·九五》：讼，元吉。自从有人类社会以来，公平正义都是人们的理想追求，也是社会和谐发展的永恒原则。

《履卦·上九》：视履考祥，其旋元吉。秩序是社会生活的基本保障，是一切社会规则的载体。

《泰卦·六五》：帝乙归妹，以祉，元吉。为强而不凌弱，舍己怨而顾苍生，这是人们对为政者的期盼。

《复卦·初九》：不远复，无祇悔，元吉。人非圣贤孰能无过，知错能改善莫大焉，这是人生修养标杆。

《大畜卦·六四》：童牛之牿，元吉。莫以恶小而为之，莫以善小而不为，这是懿德善行的养成方法。

《离卦·六二》：黄离，元吉。心存中正之念，才会有正确的选择。

《损卦》：损，有孚，元吉。诚信是一个交互过程，需要自己首先付出，以期望以心换心的目的，利益的推让是表明心迹的不二选择。

《损卦》六五：或益之十朋之龟，弗克违，元吉。以心换心、诚信之至，犹如获得上苍保佑一般，这是通往幸福永驻、吉祥如意的桥梁。

《益卦》初九：利用为大作，元吉。天下之财用于天下之人，则没有无法实施的项目，这是当政者的初心，也是百姓的夙愿。

《益卦》九五：有孚惠心，勿问，元吉。诚信是用行动表达出来的，也是在交互中体现出来的，强者主动是第一推动力。

《井卦》上六：井收勿幕，有孚，元吉。敞开胸怀向公众提供自己力所能及的帮助，圣人莫过于此。

《鼎卦》：鼎，元吉。为政之道，在于尚贤振民、主持公道，在于允持厥中、助养苍生。

《涣卦》六四：涣其群，元吉。舍小众以利大众，是收敛起鄙陋短视的私心才能够做到的，是坦荡无私和勇于担当品德的外在表现。

是非和善恶有外在标准。要知是非，须知善恶；要知善恶，须知美丑。可以看出，卦爻辞中“元吉”的结果，是价值正确和方法合宜的完美结果，是超越是非、善恶的纯粹的美好，它们从农耕文明的哲学思想演绎而来，是普天之下人们追求的理想行为方式。

四、《易经》哲理名句的文学价值

《系辞传》曰：“《易》有圣人之道四焉：以言者尚其辞，以动者尚其变，以制器者尚其象，以卜筮者尚其占。”意思是说，《易经》在四个方面获得了圣人之道：从事演讲方面的人推崇它的言辞优美，从事运筹方面的人推崇它的多层次、多角度分析方法，从事制造器物方面的人推崇它的模拟事物的形状，从事卜筮方面的人推崇它的卜问效果。我们本节仅就《易经》其辞摘录几句，共同赏析。

“天行健，君子以自强不息”，“地势坤，君子以厚德载物”。这是孔子注解《易经》中的感悟天地之道、乾坤之理的千古名言，也是华夏民族农耕文明的精神信仰。君子是理想人格，是社会的中流砥柱，他以天地为楷模，修身养性以担当天下。自强不息，厚德载物，把担当天下与自我救赎统一起来，不靠神明而自己担当道义，关爱苍生而自得内心安宁。世人皆有信仰，唯有华夏民族的信仰与众不同，华夏民族的信仰不是宗教却有宗教向度，不标榜为哲学却有最深刻的哲学思维。自强不息，厚德载物，语言凝练而形象跃然纸上，中国人每每读起来，都会得到五千年文明的加持，感觉浩然正气由内而生，获得无穷无尽的精神力量。

“刚柔交错，天文也；文明以止，人文也。观乎天文，以察时变；观乎人文，以化成天下。”文，本义是人类成长过程中累积下来的、用发明的特有抽象符号和图案为主要载体记录下来的、便于永久传承的、用来规范约束人们社会行为的典章制度，或者是有典章制度性质的事物，它以“有所不为”作为最典型的特征，从而把人与行为完全受生理本能驱使的动物区分开来。人文，以世界观、价值观、人生观为导引，以对人类生存与发展产生积极意义为特征，以人类活动及其活动的印迹，诸如规则、形式、记录、效果、遗迹等为主要内容。文明，能够使人文得以彰显的所有的人类活动及其活动的印迹，诸如规则、形式、记录、效果、遗迹等，对人类社会的生存与发展在基础、规范、启发等方面具有积极意义。“文明以止”，是说有所不为是所有人文品行的典型代表，是最难能可贵的。因此，文明所包含的人类活动及其活动印迹不是所有的人类活动及其活动印迹，对人类生存与发展无积极意义、有消极作用的人类活动及其活动印迹不属于文明。文化，将人文施加在人的身上，从而使人具有了类似于生理本能一样的第二本能，这个活动过程及其活动印迹（诸如规则、形式、记录、效果、遗迹等）就是文化。文化，本义为动词，在今天，我们可以把文化简述为“用规矩塑造人”。这一段优美的文辞，阐述了中国人认为的文化、文明。近代以来，这两个词已经被解读得面目全非，正因为这样，更需要当代中国人潜心研读、深入思考。

《易经》分经、传两部分，相对于经文，传的内容更浅显易懂，文辞也更接近现代汉语，所以可供赏析的词句比比皆是，特别是每一卦的彖辞、象辞。经文虽然年代久远和极尽简略，语句大多不太符合现代人的欣赏口味，但是也有一些语句非常优美，读起来朗朗上口。

“田有禽，利执言”，农耕文明以天地为师，所以有温厚善良、自力更生的基本特征。温厚善良不代表软弱可欺，自力更生就热爱和平稳定。战争是社会变更的主要方式，贯穿人类历史，对战争的认识关乎国家和民族的生死存亡。“田有禽，利执言”，首先反映的是中华民族对待战争的态度，既不畏惧强敌，也不穷兵黩武。战争是维护正义的最后手段，心存正义的民族才能生生不息。

“无平不陂，无往不复”，这是阴阳思想的一种表述。否极泰来，物极必反，世界上没有永远的平路，也没有永远的山坡；人生没有永远的坦途，也没有永远的坎坷。这种辩证思维是中华民族与生俱来的，中华民族也因为这种思维而永远站立在世界的东方。

“介于石，不终日”，中华民族有深刻的忧患意识，永远不放弃自我警戒，我们的历史中没有“狂欢”概念。生于忧患死于安乐，忧患思想塑造了中华民族平和持重的性格，这种性格是我们从胜利走向胜利的保障。

“鸣鹤在阴，其子和之。我有好爵，吾与尔靡之。”民无信不立，诚信是社会的组织纽带。追求艰难险阻中母子连心似的完全信赖，崇尚功成名就时不忘初心一般赤子之情，我们在斗争中不断壮大，在壮大中团结一心，与天地契约的诚信，是民族团结友爱的黏合剂，是贯穿中华民族生存与发展历程永不枯竭的精神力量。

五、学习《易经》的三个要点

1. 探究古文字的本义，以求研究载体的同一性

《系辞传》说："子曰：'书不尽言，言不尽意。'然则圣人之意其不可见乎？子曰：'圣人立象以尽意，设卦以尽情伪，系辞焉以尽其言，变而通之以尽利，鼓之舞之以尽神。'"

孔子说："文字不能完全表达语言，语言不能完全表达思想。"这么说来，圣人的思想是不是就不能够完全显示了？孔子说："圣人创立象，用来完全表达自己的想法；创造卦，用来完全表达实情与虚假；配上卦辞，用来完全表达要说的话；更改而交换爻，用来完全表达是否适宜；有如敲击以惊动、摇晃以促使，完全表述清楚了深奥的哲理。"

由此可见，孔子认为《易经》的"辞"完全表达了《易经》所要表达的思想。以《易经》的卦爻辞为对象，借助古文字这个工具去研究，研究思路应该是合理的。

《易经》是文字著述，文字是其主要载体。历经三千年，汉字的字形和字义都发生了巨大变化，用现代汉语字义来解读古文字，往往会产生很大偏差，甚至是熟知隶楷文字的古人，也难免有理解上

的偏差。

《汉书·艺文志》记载，武帝末年，“鲁恭王坏孔子宅……而得古文《尚书》及《礼记》《论语》《孝经》凡数十篇，皆古字也”。《史记·儒林传》记载：“孔氏有古文《尚书》，而安国以今文读之。”由此可见，孔子时代的书籍还是采用古文字，但孔子身后不足四百年，世人已经基本上不懂古文字了。孔安国是孔子第十世孙，与武帝是同时代人，他负责翻译这些古文字写成的书。

《汉书·郊祀志》记载：汉宣帝在美阳发现古鼎，大臣多数认为“宜荐见宗庙”，而“张敞好古文字，按鼎勒铭而上议曰：此鼎殆周之所以褒赐大臣，大臣子孙刻铭其先功，臧（藏）之于宫庙也。……不宜荐于宗庙。”

《说文解字》是东汉的经学家、文字学家许慎所著，成书于汉和帝永元十二年（100 年）到安帝建光元年（121 年）。该书《序》中说：“古文，孔子壁中书也。”并将大篆以外的先秦文字称为“古文”。《说文解字》对汉字字形的分析研究，主要是采用小篆、隶书字形，也有少量金文。

由此可见，在西汉时期即有“古文字”之说，而且当时懂得古文字的人已经寥寥无几。

《说文解字》成书一百多年以后，曹魏时期王弼（226—249）对《易经》的注解，明显是采用《说文解字》的汉字字义。王弼对《易经》的注解，一直被视为《易经》研究的义理派经典。但是以《说文解字》以及隶楷书的汉字字义解释《易经》，可能会有一定偏差。实际上，这也是义理派内部对《易经》解释一直存在争议的主要原因。

唐朝初年，《易》分施、孟、梁邱、京等派，主要有高费与施孟争胜，文字今古，师说歧异，种种分歧，各执一端。唐太宗令孔颖达主持编纂五经注疏定本。孔颖达在众多的经书章句中，选择一家优秀的注释作为标准注本，然后对经文注文详加疏通阐释。孔颖达以“王（弼）注义例明备，‘独冠古今’”，故孔颖达《易经正义》采用王弼注本。

从此，对《易经》卦爻辞的注释有了标准版本。后世的研究，基本上没有脱离钦定孔颖达的《易经正义》。

平心而论，我们依照《正义》研究《易经》，很多卦爻辞难以说明其准确含义，显得神秘晦涩，这样一来就造成普通读者对《易经》敬而远之。有些人认为这是《易经》的版本差异、文字误传等原因，即王弼所注解的通行本并不能作为标准版本。甚至有人质疑《易传》和《易经》本经相关性，以及《易传》能否作为《易经》的有机组成部分。

这些疑问与《系辞传》孔子所述是否矛盾？我们认为，无论是《易经》本经部分，还是《易传》，都不是一个人一次性完成的，出现严重差错的可能性不大。通行本体系严密，应该作为主要的研究对象。《易经》的作者（文王、孔子等）无疑具有深厚的文学造诣，他们同时也是政治家，所以著书行文的风格应该是清楚明晰的。如果有难以理解的字句等问题，恐怕要从文字载体的同一性上找原因。

《易经》成书的年代，是甲骨文和金文等象形文字使用的年代；

孔子所处的年代，是甲骨文、金文等文字逐步转变为籀文（大篆）、小篆的年代，象形文字的字义正在发生变化。孔子所作《易传》，既是对《易经》的点评、补充、发展，也有翻译的意思。仅从文字角度说，孔子对《易经》注解的准确性，应该是大大高于汉朝及后代学者的。

众所周知，以甲骨文为代表的象形文字考释，始于19世纪末期。唐兰在1935年出版的《古文字学导论》，胡朴安在1936年出版的《中国文字学史》，标志着古文字研究成为科学，20世纪30年代起，古文字研究才有很大发展，冲破了“说文学”的狭隘范围。

所以说，在象形文字研究方面，今人不一定不胜汉朝以及后代学者。我们对历朝历代《易经》研究大家学者的观点，也不能过分拘泥。

因此，我们设想，以象形文字本义作为基本工具，研究《易经》恐怕会有不同的发现。经过一段时间的研究，有两个方面的发现是很明显的：

其一，很多难懂的句子变得清晰明白。卦爻辞中，大家一直用通假字解释的字，其实根本就不需要。通假字严格来说，其实就是古人的错别字，或者是当时文字不够而使用的借用字。《易经》是经多人反复完成的著作，出现错别字的可能性不大，通假字使用要慎之又慎。

如《屯卦》“乘马班如”的“班”解释为“盘”字，太过牵强；“匪寇婚媾”的“匪”解释为“非”字，不但不符合通假字的基本条件，而且这样一来，整句的意思变得艰涩难懂；《豫卦》“介于石”的“于”字，无论如何也无法变成“如”字，至于在《系辞传》中的“介如石”另有他论，等等。

其二，经过用象形文字本义的解释，《易经》本经与《易传》的内容变得浑然一体，《易传》绝对配得上是《易经》的有机组成部分。孔子是“中国传统文化第一人”，我们无法想象，他来注解《易经》会做出狗尾续貂的事情。《易经》如果需要权威解释，古往今来，哪一个人能够和孔子相提并论？

2. 补充卦爻辞省略部分，使之成句成章

古人说话也是用句子表达的，并且由多个句子组成篇章。但是在书面表达上，就会出现很大差异，即大大进行省略。原因无非是当时书写方式的困难和书写载体的不便等。

我们知道，在商周时期，文字的书写记录，是采用刀刻甲骨的方法。所谓文，就是用刀刻文字，甲骨文，就是使用刀刻在甲骨上面的文字（不排除有极少量用笔蘸墨水书写在绢帛、竹简上）。这样一来，书籍的书写极其不便，保存和阅读的困难也可想而知。所以这个时期人们的行文一般极为简练，甚至省略了大部分我们认为必需的内容。在当时，这个困难和不便是普遍现象，所以形成了约定俗成的省略句式，彼此阅读并无大碍。就像当今的网络语言一样，年轻人之间沟通起来心领神会，不熟悉的人就一头雾水。我们在翻译时要根据上下文的意思，补充完整，《易传》对我们完整理解本经原意，提供了很好

的帮助作用。

我们普遍认为，无论怎么省略，一个句子不能没有谓语，但是商周时期的古人并不见得遵守后世人的语法规定。很多读者从书店买了一本《易经》，欣欣然回家打开来，读到第一卦的第一句卦辞“元亨利贞”就懵了。怎么解释都不通，翻遍古今的注疏、参考都觉得不对劲，从此对《易经》的兴趣大减，以至于束之高阁，再也懒得阅读了。

窃以为，“元亨利贞”是一个整句省略后的保留成分，它不是句子的谓语，而是句子的定语。现代汉语的完整句式，用成分表达依次是：定、主、状、谓、补、定、宾。以此来衡量，“元亨利贞”就是定语。到底是主语的定语，还是宾语的定语？我们以为解释为宾语的定语比较合适。

把这个句子各个成分补充齐全了，用现代汉语解读就是这样的：乾是一个抽象的概念，它对于天地万物就像是君子对于世人一样，这个君子是一个具有元亨利贞品质的人。

一般地，在《易经》中用自然界的事物来类比人的行为，这里却是相反的做法。总之，是要把抽象的事物用具体的事物，把不熟悉的事物用熟悉的事物来比喻说明，如此而已。这也就引出《易经》研读的第三个要点。

3. 正确理解比喻的修辞手法

使用比喻、类比的修辞手法，是古代典籍常见的说理方法。庄子认为自己的作品是“寓言十九，藉外论之”。寓言是用比喻性的故事来寄托意味深长的道理。李约瑟等学者指责《易经》的缺点就是类比，也就是叙述不够明确详尽。可是，哪一个文明的远古著作不是这样的呢？纵览世界古文明经典，《佛经》《圣经》《古兰经》，在论述某个道理时，无不大量使用类比手法。我们所见到的这些经典的成书年代，还要远远地晚于《易经》的成书年代。如果有廉价轻薄的纸张，不用考虑限量的硬盘，古人多写几个字又何妨呢？

这个道理不再赘述。其实，搞清楚卦爻辞中的比喻修辞手法，也是一件不容易的事情。试举一例加以说明。《中孚卦》卦辞中有“豚鱼”，彖辞中有“信及豚鱼”。对于这一句卦辞、彖辞的解读，古往今来，一直争论不休，我们先看看历代著名学者的注解。王弼注：“鱼者，虫之隐微者也；豚者，兽之微贱者也。争竞之道不兴，中信之德淳著，则虽隐微之物，信皆及之。”孔颖达曰：“信发于中，谓之中孚。鱼者，虫之幽隐；豚者，兽之微贱。人主内有诚信，则虽微隐之物，信皆及矣。”程颐曰：“豚躁，鱼冥，物之难感者也。孚信能感于豚鱼，则无不至矣，所以吉也。”

豚，是经过驯化的、给人们提供肉食供应的猪；豚和豕的区别是：豕是野生的猪。有畜牧业经验的人就会知道，在六畜中，猪、狗、鸡是杂食动物，比较容易饲养；猪的繁殖力很强，体型大，出肉率高。综合比较，养猪的产出率是最高的。在今天的肉食市场，猪肉的价格依然远远低于其他五畜肉的价格，就是因为养猪产出率高。古人所谓的六畜，是六种最常见的、养殖的家畜的合称，即牛、猪、羊、马、狗、鸡。

鱼是冷血动物，在生长过程中能维持体温，而消耗的热量只有温血动物的 1/20，所以计算投入的饲料和产出的肉数量，养鱼的投入产出率比养猪的更高。

所谓诚信，就是人与人之间可预期的满意回馈。“豚鱼”所谓的信，就是生膘长肉不辜负养殖人的心力，能够给予养殖人满意的回报。豚鱼是依靠生物本能达到人们所谓的诚信。如果把这个比喻的修辞手法曲解成直接说理，就成了人与动物之间的思想交流互动，即“豚鱼”具有某种道德的感知、良心的发现，卦辞的解释也变得牵强附会。

总结一下，在研读《易经》时，一定要注意三点：古文字本义、省略句式、比喻类比的修辞手法。我们再举一个例子综合起来说明。

《解卦》:“上六公用射隼于高墉之上，获之无不利。”

正解应该是：“公用射（用）隼于高墉之上（对付悖逆者），获之无不利。”加进省略掉的一个“用”字和用射用隼的对象——悖逆者。很多朋友在翻译这一句卦辞时，把“射隼”看作一个双音词，显然是不符合古汉语常识的。而且，“隼”字的金文字形是，即“经过驯养的、停落在鹰架上的鹰”。这句卦辞使用的类比手法是：“高”是城楼，指王公眼光长远，指挥若定；“墉”是垛墙，指广泛支持、保护的群众；“用射”是说王公自身具有卓越的能力；“用隼”是指王公拥有盟友的鼎力帮助。整个句子显然是用“高瞻、簇拥、架鹰、射箭”这个类似狩猎的场景，比喻王公平息悖逆的情形。

我们所见到的对于这句卦辞的翻译，还有一个常见的问题，那就是随意忽视文字，“用射隼”被翻译成“射隼”，比原文还简单。如果卦辞本义真的是“王公用箭去射落在高墙上的鹰”，那么卦辞就应该是“公射高墉之鹰”，只需要六个字，一下子省掉三个字，而且行文更加清楚明白。《易经》本经总共不过五千言，字字有其特定意义，不可能有多余字的存在，在翻译时随意忽视字词是极不严谨和很不妥当的做法。

关于学习《易经》必须注意的三个要点，是基于探究《易经》原作者写作意图的考虑。西汉以降，译解《易经》派别之多，可谓琳琅满目，每一个人都从自己理解的角度去解读，原本也没有对错的问题。但是这样不重视经文的研究方式，其结论是不收敛的，再过若干年，还是你说你的我说我的，至于原作者的创作本意，则很难统一。我们希望从原作者的创作本意中探究传统文化的理论体系的意图，也就无从谈起了。目前，我们依靠这种研究方法得出的结论也许存在诸多错误，但是这种研究方法是有可取之处的。

第十讲　天干地支

2018 年 11 月 6 日，彭博创新经济论坛在新加坡举行。美国前国务卿基辛格在与彭博新闻社总编辑米思伟对话中，提到中美两国在哲学层面存在差异时说：“一个根本性的问题在于，从总体上来说，美国人认为如果一个问题出现了，那么就一定能找到办法解决那个问题；而中国人却认为，问题不可能获得根本性解决，每一个解决方案都会引发新的问题。”

基辛格不愧是伟大的政治家，他这一句看似简单的现象对比，揭示出中西方哲学的本质区别。可惜的是，当我们把这句话分享给当今中国的年轻朋友时，他们并不这样认为，也就是说，他们甚至已经感觉不到中西方文化的本质区别。这个社会现象表明一个严峻的问题，从小学到大学全面接受西式课程教育的年轻一代中国人，正在逐步脱离中国传统文化影响，思想认识与西方正在趋同。这种情况也表明，即使是在中国国内弘扬中国传统文化，也是一项艰巨的任务。

成中英先生在《论中西哲学精神》一书中，谈到中国哲学对世界的影响时认为，西方原先居于统御地位的传统及政治力量已大为削弱，西方的法纪、秩序、宗教和传统已陷入危机，有待解救方能脱险。在西方，有些人甚至认为现代科学技术的兴起便是此危机的始作俑者。

在世界范围，除了中国以外的任何一个古文明，在经历繁荣走向衰落以后，几乎不可避免地无法再度兴盛。即使是近代、现代的一些西方国家，似乎也无法逃脱这个宿命。中华文明能够跨越五千年的历史传承不绝，几度衰落而几度再次兴盛，甚至是在遭受重大挫折、面临亡国灭种的边缘，还是能够像有魔力加持一样起死回生，再度兴盛。这种独特的现象背后必然有其道理，虽然到目前为止，大家还不能十分清楚地解读出这个道理究竟是什么。

以上是我们这一讲开始前提供的一些资料及简单分析。我们所要表达的观点总结起来就是：一是我们在努力学习西方的同时，西方也开始认真研究中国。二是我们在近代被西方科学技术发展所折服，进而对西方的一切都逐步接受了；西方在经历自身的问题和面对中国全面复兴的现状时，开始思考从中华传统文化中汲取有价值的东西，虽然这些东西在今天我们自己并不看重。三是处于中华民族伟大复兴之际的中国人要为中华五千年历史负责，这是我们一百多年以来忍辱负重、砥砺前行的初心。在追赶超越西方科技、经济的过程中，如果中国人失去自己的传统文化，失去我们的心灵家园，最终将使中华民族陷入西方式社会发展的宿命，这是历史不能承受之重。

一、现代科学与约化思维

现代科学技术给人们的生活提供了丰富的物质基础和极大便利，毋庸讳言，现代科学技术是在西方发展起来的。

1687年，牛顿出版《自然哲学的数学原理》一书，总结了近代天体力学和地面力学的成就，为经典力学规定了一套基本概念，提出力学的三大定律和万有引力定律，从而使经典力学成为一个完整的理论体系。《自然哲学的数学原理》的出版，意味着经典力学的成熟，其中所建立的经典力学的理论体系成为近代科学的标准尺度。我们今天所谓的科学，在当时称之为自然哲学。

在19世纪、20世纪，科学进一步蓬勃发展，原因是人类更普遍使用“简约论”（veducism）来分析及思考事物，也就是把许多复杂的事实，利用实验或观察的方式，将影响结果的变因简约及控制到极少，再去进行比较研究。

简约论下的科学是一种关于不可改变并必然存在的事物的知识，它既有统一的范式和方法，又有检验“真理”的基本标准或唯一标准。它为人类的知识编织了一幅美丽的图案，现代人已经习惯于应用从简约论下得到的知识作为判断事物的依据。

近代西方科学发展离不开“约化论思维”（或称之为“牛顿思维模式”）：将宇宙自然和人类一切现象最终归结为基本粒子运动，譬如约化论思维模式下的生物现象被解释为物理现象。

牛顿在《自然哲学的数学原理》中，以数学公式为依据，解开了古老的天体运动之谜，形成全新的“世界体系”，数学化、量化了自然规律，形成一种统治西方思想的哲学世界观。最初，这种哲学认为整个世界是匀速、线性地运动着的，所有组成世界的各个部分都是相互分立的，并且是机械地联系着的，它们的运动不存在任何的不确定性，也就是说“世界是测得准的”。它的思想核心是客观、精确、机械的数学模式，在笛卡尔那里，甚至把全部自然知识等同于数学知识。这种倚仗数学的方式去了解自然现象的方法，在许多科学领域中得到采用，并且在 19 世纪麦克斯韦的研究理论中达到巅峰。那时的科学家认为，所有的物理学现象都可以通过牛顿力学和麦克斯韦电磁波理论加以描述；他们甚至觉得，绝大多数自然界的基本规律都已经被发现，并且几乎所有的自然现象都遵循这些规律。

今天科学界已经认识到，不仅复杂、动态、演化的生命体系不能简单约化为基本粒子的物理学定律，很多科学问题也无法用约化的方式解决，但是却无法彻底摆脱约化论思维约束。

古老的毕达哥拉斯学派认为，数是万物的本原，事物的性质是由某种数量关系决定的，万物按照一定的数量比例而构成和谐的秩序。计算机是 20 世纪最先进的科学技术发明之一，它是自动、高速处理海量数据的现代化智能电子设备，它可以进行数值计算，又可以进行逻辑计算，还具有存储记忆功能。进入 21 世纪，计算机成为每个人不可缺少的工具之一。

1956年，麦卡赛、明斯基、罗切斯特和申农等年轻科学家在一起聚会，共同研究和探讨用机器模拟智能的一系列有关问题，并首次提出“人工智能（AI）”这一术语。人工智能是计算机科学的一个分支，它企图了解智能的实质，并产生一种新的能以人类智能相似的方式做出反应的智能机器。该领域的研究包括机器人、语言识别、图像识别、自然语言处理和专家系统等。所以，人工智能属于自然科学和社会科学的交叉。

1959年，美国人塞缪尔（Samuel）设计了一个下棋程序，这个程序具有学习能力，它可以在不断地对弈中改善自己的棋艺。四年后，这个程序战胜了设计者本人。又过了三年，这个程序战胜了美国一位保持了八年之久的、常胜不败的象棋冠军。这个程序向人们展示了机器学习的能力，机器的学习能力向人类提出许多令人深思的社会问题与哲学问题。

机器学习（ML）是人工智能的核心，是使计算机具有智能的根本途径。20世纪50年代提出机器学习的概念，引发了科学界极度的热情，然而进展并没有达到人们的预期，在80年代进入冷静期。1990年代初，“AI”变成一个大家不愿意碰触的词，这一状况持续到2000年，人们普遍认为“人工智能不起作用”。编写看似智能程序的软件公司使用了“搜索算法”“业务规则引擎”“约束求解器”和“运筹学”等术语来替代它。

2012年，谷歌公司建立了一个由16000个电脑处理器组成的神经网络，神经网络在测试时成功地从其他各种东西的图片中认出了猫。深度学习（DL）的概念又引起人们的高度关注，它的提出者杰弗里·辛顿（Geoffrey Hinton）成为计算机行业的明星。

阿尔法狗（AlphaGo）在2016年战胜了前围棋世界冠军李世石，在2017年又战胜了现任围棋世界冠军柯洁，一时间，深度学习概念风光无限。深度学习是指多层的人工神经网络和训练它的方法。就像生物神经大脑的工作机理一样，通过合适的矩阵数量，多层组织链接一起，形成神经网络“大脑”进行精准复杂的处理，就像人们识别物体、标注图片一样。

然而，深度学习接下来的发展进度并不如人们的预期，仅仅过了一年，人们又一次恢复了冷静。毕达哥拉斯派的哲学应用在计算机上并没有创造出情感和思想。机器能够获取的是知识，而不是智力或智慧；机器能表现出某种智能行为，人们并不能够制造出有智能行为的机器。

我们的每一个想法和感觉都不仅仅是一堆数字以线性代数的方式被运算，我们的人脑也不仅仅是一个神经网络。

深度学习之父杰弗里·辛顿认为：人类都是精美的机器。很多科学家相信，通用人工智能是可能存在的，因为人类和计算机没有什么差别。这种认识实际上是用毕达哥拉斯哲学把人类的意识简化成一个数字矩阵。这种认识是约化思维把生物现象解释为物理现象，再试图用计算机这个机械系统来代替物理系统，最终企图达到机械代替人脑的目的。一个西方哲学家有这样的设想毫不奇怪，中国传统哲学家绝对不会这样认为，这不是思想观念落后，而是中西方两种哲学差异所导致的不同认识结果。

二、西方哲学的发展

古希腊历来被认为是欧洲文明的摇篮，是欧洲乃至西方哲学的故乡。公元前 4 世纪，古希腊哲学进入系统化阶段，代表人物有柏拉图和亚里士多德。

柏拉图提出理念论，认为现实的、可感知的世界不是真实的，在它之外存在着一个永恒不变的、真实的理念世界。理念是个别事物的“范型”；个别事物是完善的理念的不完善的“影子”或“摹本”；以个别事物为对象的感觉不可能是真正知识的源泉，而真知是不朽灵魂对理念的“回忆”。

亚里士多德不同意柏拉图的理念论，他把理念称为“形式”，认为“形式”不能脱离个别事物而独立存在，“形式”是事物的本质，存在于事物之内。

西方哲学从古希腊开始，重视研究探讨宇宙万物的起源，希望透过有形可见、充满变化的万物，探讨万物的来源。从亚里士多德起，提出形而上学，研究充满变化的现象世界背后永恒不变的本体，也就是研究什么是“存在”，他提出“把存在之物当存在之物来看”。

海德格尔（1889—1976，德国哲学家）首先发现了西方哲学长期以来存在的问题。西方进入近代以来，到了笛卡尔时代，人们想要驾驭存在物，却忘了存在本身，最后人只剩下控制客观事物的求权力的意志、求力量的意志；到了尼采时代，西方哲学又进入虚无主义。

我们不去探讨艰涩的哲学问题，只是简单说明一下。海德格尔认为，西方哲学都是以理性思考的结果来代替理性思考的过程，西方传统哲学是一个封闭的系统，它以七个形上理性的概念作为思考的起点，即实体、自然、生命力、本质、心灵、理性、意向。把起点作为过程来看，这是对单元的认识，把单元合在一起，找出整体的存在形态，这就是形上理性。上述七个概念是一种洞见，但是又成为后来哲学发展的障碍。这七个概念是西方形上理性的代表，其基本逻辑是假设了的实证论的逻辑思考。

逻辑思考的最大特色是把现象与本体对立起来，认为现象是变动的，是由感觉来把握的，而本体或本质是不动的，是由思想来把握的。无形之中，主动放弃了一个重要的思想维度，这个思想维度正是中国哲学的特别之处。中国哲学认为，仅仅研究所谓本质是不够的，过程也是必须关注的研究对象。

怀特海（1861—1947，英裔美籍数学家、哲学家）将自己的哲学称为"过程哲学"或"机体哲学"。他明确提出，面向世界，搁置实体因素，而把"过程"作为一种研究"对象"提取出来。实在是创造变动不居的整体过程，而非静止不变的实体或原子；真实事物都是事件的有机结合，它们充满创造的潜力；宇宙的创造是日新不已，生生不息的；事物之间彼此相属相关，关系之存在是创造的枢纽，创造之源无穷无尽，创造之目的是以丰富的新奇和秩序来实现具体的世界。

海德格尔认为，从古希腊哲学以来，对"存在"的研究出现了偏差。希腊人看待“存在”，就像是在大地这个背景上看地上的复杂多变的万物，注意力的焦点放在了万物的图象上，却把大地这个最根本的背景给忽略了。亚里士多德“把存在之物当作存在之物来看”，只看到了“存在物”，却忽略了作为基础的“存在本身”。也就是说，从古希腊人开始，把存在物与周围广大的存在本身分开了，造成因为掌握存在物而忽略了存在本身。

为了思考清晰，人们往往采用约化主义思维，约化主义以下一个层次的事物和概念，来说明上一个层次的事物和概念。约化主义把心（思考和解决问题的能力）的状态归结为物的状态，心被看作脑（物质神经系统）的一部分，脑可以电脑化（机械系统），那么心就可以电脑化。能否用一个机械系统代替生机系统呢？人脑是一个自身修身器，本身具有意向性，而电脑则需要人来设计程式和规范，它不能不用程式和规范来思考和解决一切问题。突破一定的程式和规范，这正是人脑的发挥。

到了上世纪 70 年代，人们认识到哲学仅有清晰性还不够，还需要深刻性。如何使理论既清晰又深刻，正是哲学家面临的挑战，也是诠释学哲学追求的理想境界。

二次世界大战后，现代科技在全球高度发展，带来了全球繁荣。随着现代科技时期的到来，人类进入历史中的非宗教阶段。此时，虽然人们拥有了前所未有的权利、科技、文明，但也同时发现自己的无家可归。随着宗教这一包容一切的框架的丧失，人不但变得一无所有，而且变成一个支离破碎的存在物。个体的人没有了归宿感，认为自己是这个人类社会中的“外人”，自己将自己异化。在个体迫切地需要一种理论来化解自己的异化感觉时，存在主义就应运而生。

萨特认为“存在先于本质”，这种形而上学同西方传统的形而上学有着本质的不同。传统的形而上学一般给“本质”赋予普遍的、抽象的以及形式的特征，而且一般认为在时间上来说，本质先于存在。存在主义反抗哲学上观念论的基本假定与结论，特别是黑格尔的超越的泛逻辑；反抗物质主义与工艺学上的实用主义，控告他们将人类的最高价值与理想归于仅仅是动物本能的升华，而扼杀了人类文化的真正精神。

存在主义指出，人的价值高于一切。个人与社会是对立的，但也是可交流、互相不能脱离的。人是被扔到世界上来的，客观事物和社会总是在与人作对，时时威胁着“自我”。

存在主义者否定艺术的认识作用，认为艺术作品不能反映现实，只能在某种程度上揭示人的心灵的冲动，给人以“享乐”和感受的能力，使人的“非理性的感觉清晰、明确起来”。他们指出，艺术家的目的是创造自己的世界，表达自己的哲学思想和自己的感受，而不是艺术地再现客观世界。

罗蒂（1931—2007，美国哲学家、思想家）提出，要打破知识论，打破分析哲学的闭塞性，并要找出一种新的方法来突破分析哲学。这就是诠释学。

现代生物科学就是尝试用无机现象来说明有机现象，用机械现象来说明机体现象。显然，这是不可能的。

现代西方哲学为何要探究不同的逻辑体系和科学体系？是由于理性在追求、掌握世界之后，本身受到了限制。新科学的发现有可能导致逻辑规则的改变，所以现代西方哲学家提出本体相对论（奎因）、本体诠释学（成中英）的理论，试图包容逻辑性与非逻辑性，使欧美哲学与中国哲学有相通之处。

诠释学（hermeneutics），是通过解释和了解文本本身的方式去发展、拓宽人类认识领域的哲学学科。现代诠释学的开创者是 20 世纪的德国哲学家海德格尔，他把传统解释学从方法论和认识论性质的研究转变为本体论性质的研究，从而使诠释学由人文科学的方法论转变为一种哲学。

在加达默尔（1900—2002，德国哲学家）看来，人面对世界所进行的是一种理解活动，我们所具有的经验是一种诠释学经验；作为理解对象的世界的意义在理解中不断完成，同时使理解者获得并充实自身的此在。

哲学诠释学是现代西方哲学的重要流派，其学说自产生至今，引发了世界哲学界的关注和探讨。成中英先生借鉴西方海德格尔—加达默尔的诠释学传统，融会中国传统哲学的精义，创造性地提出本体诠释学体系，试图在兼采中西方哲学优长的基础上重建中国哲学，以推进基于中西互释的世界哲学的建立。

由此可见，从西方人开始重视中国哲学，到中国哲学被赋予历史重任，是一个逐步的过程，而这个过程趋势是必然的。这对中国哲学来说，既是希望，也是挑战。

三、中国哲学对科学可能的贡献

成中英先生是著名的美籍华人学者、世界著名哲学家、著名管理哲学家、C 管理理论创立人，被公认为是“第三代新儒家”的代表人物。成中英先生长年致力于在西方世界介绍中国哲学，为中国哲学走向世界做出了巨大贡献。

成中英先生认为，中国哲学恢复为独立的学问，不只是因应西方之挑战而建立，它本身就是一项挑战的学问，既是对西方传统之挑战所提出的挑战，也是对人类整体牵引的问题所作的挑战。

他进一步指出，中国哲学面临的挑战，是指向更广博、更开阔的思维方式的挑战。这一挑战唤起世人注视人类存在的普遍危机：人类心灵世界的萎缩，以及对人类的基本见识予以启发、再思及整合的需求麻木不仁，此乃危机之荦荦大者。

近代以来西方科学技术所取得的辉煌成就，也让西方哲学成为世界哲学的标准范式。相比之下，中国哲学的生命与活力一度面临威胁，在 20 世纪初尤为严峻，人们认为它不能应付科学和技术的现代世界，它没有产生诸如民主和个人权利这类现代西方的价值。

德国社会学家马克斯·韦伯（Max Weber，1864—1920）在《中国的宗教：儒教和道教》一书提出了著名的“韦伯命题”，认为新教伦理是资本主义经济的第一原动力，而中国的儒家伦理不仅不能推动资本主义经济的产生，而且阻碍了资本主义经济的产生。

20 世纪 80 年代，亚洲“四小龙”异军突起，而在这些国家和地区，传统的儒家文化占主导地位。因此，有些哲学家开始对“韦伯命题”提出质疑，甚至提出“儒家资本主义”这一概念。

进入 21 世纪，中华民族复兴已经呈现不可遏制的趋势，这是当代任何一个社会学研究者不得不正视的最重大的社会现象。因此，对中国传统文化的研究也兴盛起来，并产生各种各样的解读。

对于普通人来说，接触现代科技远远多于研究哲学理论，或者说，大家更愿意接受现代科技而不是文化理论，这是一个现实问题。如果由某一个哲学发展出来的理论能够推动科学技术进步，这个哲学理论就是好的，有用的；如果这个哲学理论还能够进一步包容其他哲学理论，这才是“第一哲学”。

那么，中国哲学到底能不能担负起这个历史重任呢？答案是肯定的。对于中国哲学，仅仅有诠释是不够的，必须要从中国哲学中找出理论支持，或者说，中国哲学中有没有发展现代科学技术的理论。

对于科学至上主义者，他们认定诠释学为科学方法贯彻不彻底所引发的弊端，并极力主张将科学方法贯彻到底。

我们知道，阴阳理论是中国哲学的基点，凡事要从正反两个方面去思考，这是中国哲学独有的特色。中国哲学不仅研究事物的本质，更注重事物过程的研究。两条腿走路，这是中国人永远不变的思想。

事物本质的研究发展出了数学。首先是直观数字数学，再后来，对数进行逻辑分析而产生集合论，这是西方数学发展的简单概括。

在古代，中国人对直观数字数学的研究并不比西方落后，甚至在历史上一度处于领先地位，不仅有刘徽、贾宪、秦九韶、李冶、朱世杰、祖冲之、祖暅、杨辉、赵爽等著名古代数学家，还有体量庞大的古代工程和设计精巧的古代器物作为数学高度发达的证据。

到了近代，由于种种原因，中国数学并没有继续取得突破性发展，被西方远远抛在后面。总的来说，中国还是以很快的速度全面接受了西方科学的优长，新中国用七十年达到中华民族全面复兴的态势，就是活生生的例证。

世界上不可能只有一种哲学，也不可能只有一种数学。中国古人对事物本质的研究与西方并没有什么不同，真正不同的是中国人没有因为事物充满变化、难以把握而回避对事物过程的研究。对事物过程的研究是中国哲学独有的内容，并且由此发展出类似数学的一门学科，我们称之为术数，这也是中华传统文化的主干内容之一。

无论西方哲学对本体的研究有多么辉煌，也不能回避这样一个事实：我们眼睛所见到的事物不仅仅具有本体，除了本体所反映的共性，每一个事物还具有个体的特殊性，每一个事物的发展过程复杂性和相互影响也不容忽视。难道事物的过程真的就无法定量化研究吗？中国传统哲学显然给出了否定的答案。所以说，西方哲学从一开始就是约化主义，最后出现的种种问题都是根本性的，成中英先生所说的"有待解救方能脱险"不是夸大其词。与之相对，中国哲学表现出来的整体性不是故意为之，中国古人把阴阳理论作为哲学基点，整体性就成了必然的结果。

有人认为术数是玄学，是神秘文化，这其实是一个大大的偏见，因为这种神秘感是认知内容结构性缺失造成的。在古代，术数是最能够体现古人学术水平的重要标准之一，所以中国历朝历代的顶级人才无不精通术数，诸如周公、孙膑、张良、诸葛亮、刘伯温等等。

集合论是研究集合的结构、运算及性质的一个数学分支，是现代数学最重要的基础理论。集合在数学领域具有无可比拟的特殊重要性。集合论的基础是由德国数学家康托尔在 19 世纪 70 年代奠定的，经过一大批科学家半个世纪的努力，到 20 世纪 20 年代已确立其在现代数学理论体系中的基础地位。可以这样说，现代数学各个分支几乎所有成果都构筑在严格的集合理论上。

但是集合论的研究过程并不是一帆风顺的。在开始阶段，有些数学家拒绝将集合论当作数学的基础，认为这只是一场含有奇幻元素的游戏而已。偏见会导致放弃对自己有限性的承认，也放弃对优长之处的学习机会。

西方哲学从最初就丢弃对事物的过程研究，在本体研究过程中分类细化，最后再进行整合，试图达到复原事物的目的，但是忘记了补上在最初就丢弃的那一部分，所以理论与实际总是难以契合。中国哲学“疏而不漏”，这种整体性正好可以给西方哲学以启发和指导。

术数的基础理论是阴阳和五行理论，天干、地支是其基本语言元素，就像数学中数字一样。我们现在进入本次讲座的核心部分，简单介绍一下天干地支。

四、天干地支

如果说表示事物本质问题只需要一套数字元素，那么表示事物的过程问题必须使用两套以上数字元素，因为过程问题远远比本质问题复杂。天干、地支实质就是两套数字元素。中国人用这两套数字的组合运算，比较成功地解决了对事物过程的精确化描述。

有人马上会意识到，你是在说中国的算命术吧？我们去除偏见平静地想一想：人命都能够计算，世间还有什么比这更复杂、不能够计算的事物吗？世界上除了中国术数以外，还有没有把过程研究深入到可以与数学相媲美的方法吗？算命这个词听起来很不响亮，运筹帷幄就高大华丽多了，但是，它们的基本内涵是一致的。

爱因斯坦认为时间没有概念，世界上也并不存在时间这样一个东西。时间要跟物体联系起来，如果时间没有联系别的东西，那么根本就无法说通，而且时间与记忆总联系在一起，如果你想某个片段的时候必须要联系其他的事情才能更清楚地回忆起来，这么说来，我们只有深入记忆才能探寻时间。所以，时间并不存在，人类被记忆欺骗了。

我不知道这是不是爱因斯坦本人所说的，但是把时间当作发散的向量来看待，恐怕是西方人的思维，中国人却从来不这样认为。

正是因为把时间看作是发散的向量，人们在对时间进行研究时就陷入一个无法摆脱的误区。大家都知道，每一个中国人都有属相，这实际上是告诉我们：时间是循环的。时间的循环具有复杂性，所以一套数字元素无法表述清楚，天干地支组合起来，六十年一个甲子就出现了。为什么说中国人认为表述时间的数字元素不止于两套呢？因为还有一个说法，那就是“五百年必有圣人出”。这实际上是又引入了一套数字元素，这一套数字元素的总数是27个，10、12、27的最小公倍数是540。当然，第三套数字元素并不常用，而且不够精确，我们将在后面详细说明。

时间是循环往复的，不是一个发散的向量，这恐怕是中西方文化最明显的认识差异。

我们都知道，日、月这个时间单位是循环往复的，这是因为有太阳和月亮周期变化带来的两个明显天象：日有昼夜，月有圆缺。年这个时间单位是不是循环往复的呢？中国人给出了肯定答复，而这个答复就是在深入研究事物的过程理论中得出的。

我们都知道，宇宙是循环运动的，作为宇宙一部分的人类，必然受到宇宙循环运动的影响，有些影响是显性的，有些影响是隐性的，如此而已。显和隐是相对于人的感官而言。推而广之，地球万物受到宇宙循环的影响也是如此。宇宙循环影响的周期性，反映到人类身上，就是时间循环的观念。

天干地支对应的是天体运动周期。

万物生长靠太阳，太阳对于人类和地球生物的重要性不言而喻。天干是太阳自身的运动周期，大约是十年。所以天干有甲、乙、丙、丁、戊、己、庚、辛、壬、癸十个元素，被称为“十天干”。

地支是木星的运动周期，精确测算为11.8年，大约是十二年。

木星是九大行星中距离地球比较近的行星，而且质量在九大行星中最大，为地球的 317.8 倍，是太阳系中其他行星质量总和的 2.5 倍。也就是说，相对于其他行星，木星对人类的影响最大，把这一周期性影响用十二个数字元素表示出来，就是子、丑、寅、卯、辰、巳、午、未、申、酉、戌、亥十二个元素，被称为“十二地支”。

《尔雅·释天》：“夏曰岁，商曰祀，周曰年，唐、虞曰载。”古代对于年的叫法有四种：岁，是祭祀木星；祀，一年一度的祈福；年，祈祷谷物收成；载，本义是年终行刑。古人很早就知道木星运行周期约十二年一周天，每年历经黄道十二次之一。用木星方位纪年自夏已有之，故名之曰岁。

木星在古代被中国人称为岁星。发掘于四川盐亭天垣盘垭村《盘古王表龟碑》记载：“天皇氏始制干支之名，以定岁之所在。”明朝著名命理学家万民英根据中国古文献记载确定干支为天皇氏发明，他在其著作《三命通会·论支干源流》中说：“夫干犹木之干，强而为阳；支犹木之枝，弱而为阴。昔盘古氏明天地之道，达阴阳之变为三才。首君以天地既分之后，先有天而后有地，由是气化而人生焉，故天皇氏一姓十三人，继盘古氏以治，是曰天灵淡泊，无为而俗自化，始制干支之名，以定岁之所在。其十干曰：阏逢（yān féng）、旃蒙（zhān méng）、柔兆（róu zhào）、疆圉（qiáng yǔ）、著雍（zhù yōng）、屠维（tú wéi）、上章（shàng zhāng）、重光（chóng guāng）、玄黓（xuán yì）、昭阳（zhāo yáng）；十二支曰：困敦（kùn dūn）、赤奋若（chì fèn ruò）、摄提格（niè tí gé）、单阏（chán yān）、执徐（zhí xú）、大荒落（dà huāng luò）、敦牂（dūn zāng）、协洽（xié qià）、涒滩（tūn tān）、作噩（zuò è）、阉茂（yān mào）、大渊献（dà yuān xiàn）。”

到了黄帝时期，黄帝“命大尧探五行之情，占斗纲所建，于是始作甲子配五行纳音之属。”也就是说，我们现在所见的天干地支是黄帝时期大桡氏根据上古天干地支制作的，主要做法是将多个文字简化为单个文字，天干地支的元素数量没有变化。

天皇氏是中国古代三皇之一。《史记·秦始皇本纪》：“臣等谨与博士议曰：‘古有天皇，有地皇，有泰皇，泰皇最贵。’”所以说，天干地支和中国历史一样久远。在那时，阴阳理论应该已经产生；稍晚的伏羲氏时期，五行和八卦理论也产生了。黄帝时期，阴阳、五行、八卦理论和天干地支计算、表述方法已经开始。天干地支需要简化以便于运算使用，于是黄帝命大桡氏作甲子配五行，说的就是这件事。据传，汉字就是黄帝的臣子仓颉所造，黄帝以前的天干地支称呼是多音节的口语名称，文字创造以后，天干地支就有了单字单音的文字符号，这种推测似乎也是顺理成章的。

以阴阳五行为核心理论的中医就在黄帝时期诞生了。相传黄帝常与岐伯、雷公等臣子坐而论道，探讨医学问题，对疾病的病因、诊断以及治疗等原理设问作答，后人将这些内容收集整理，记载于《黄帝内经》这部医学著作中。

民间谚语中，对于地支循环规律也有描述。诸如“闹鸡荒饿狗年，要吃饱饭等猪年”“牛马年广种田，防备鸡猴饿狗年”等等，说明木星运行对气候产生了明显影响，以至于影响到农作物的收成。太阳对气候的影响比较直接，云行雨施都是太阳直接作用的结果，这是显性的影响；相对而言，木星对气候的影响是隐性的影响，但还是被中国人早早就掌握了。

古人用天干地支组合起来纪年，是基于天体运行对于人类有明显周期性的影响，中国人认为时间的循环性有坚实的生活基础。当然，影响气候、天气的因素很多，如果把这些因素都考虑进去，就会得到更精确的预测。现代气象学研究大气的变化规律来预报天气变化，大气的变化显然是受天体运行的影响。中国古代天文学家把天空中可见的星分成二十八组，叫二十八宿，东方苍龙七宿是角、亢、氐、房、心、尾、箕；北方玄武七宿是斗、牛、女、虚、危、室、壁；西方白虎七宿是奎、娄、胃、昴、毕、觜、参；南方朱雀七宿是井、鬼、柳、星、张、翼、轸。古人通过观察总结出二十八宿值日对天气的影响，以此来预报天气。

春季：

虚危室壁多风雨，若遇奎星天色晴，
娄胃乌风天冷冻，昴毕温和天又明，
觜参井鬼天见日，柳星张翼阴还晴，
轸角二星天少雨，或起风云傍岭行，
亢宿大风起沙石，氐房心尾雨风声，
箕斗蒙蒙天少雨，牛女微微作雨声。

夏季：

虚危室壁天半阴，奎娄胃宿雨冥冥，
昴毕二宿天有雨，觜参二宿天又阴，
井鬼柳星晴或雨，张星翼轸又晴明，
角亢二星太阳见，氐房二宿大雨风，
心尾依然宿作雨，箕斗牛女遇天晴。

秋季：

虚危室壁震雷惊，奎娄胃昴雨霖庭，
毕觜参井晴又雨，鬼柳云开客便行，
星张翼轸天无雨，角亢二星风雨声，
氐房心尾必有雨，箕斗牛女雨蒙蒙。

冬季：

虚危室壁多风雨，若遇奎星天色晴，
娄胃雨声天冷冻，昴毕之期天又晴，
觜参二宿坐时晴，井鬼二星天色黄，
莫道柳星云霹起，天寒风雨有严霜，
张翼风雨又见日，轸角夜雨日还晴，
亢宿大风起沙石，氐房心尾雨风声，
箕斗二星天有雨，牛女阴凝天又晴.
占卜阴晴真妙诀，仙贤秘密不虚名，
掌上轮星天上应，定就乾坤阴与晴。

干与支是树木的树干与树枝，表示影响的重要性，这是中国古文字使用的特点。

天干地支这些元素与数学中的数字元素的不同点是，干支既然是循环概念，所以只表示顺序而不表示大小。

天干地支的特征是：

（一）天干地支受阴阳理论影响，天干地支每一个数字元素都有阴阳之分；天干地支同时又受五行理论影响，天干地支的每一个数字元素都有五行属性。这也表明，天干地支是由阴阳五行理论发展出来。

（二）天干地支的运算有其法则，而且有很强的逻辑性，这些逻辑是阴阳五行理论的反映，即生克制化。而且天干地支元素可以组合，不同的组合构成不同的强弱格局，并且彼此按照阴阳五行的规律相互影响。古人对这个组合最常见的使用方式就是“八字”，将一个人的出生年月日时四个数字用天干地支表示出来，正好是八个元素数字。

（三）天干地支表示时间是它们的本原，推而广之，它们还能够表示空间，表示形体，并且能够实现时间、空间、形体的同一化运算。站在现代科技的角度看，我们先抛开它运算的精确度不说，实现时间、空间、形体的同一化运算这一思维方式本身就是非常重要的数学理论突破。

我们可以设想一下，计算机之所以不能够实现智能化，最主要的原因恐怕是它无法有效使用时间这个变量。

天干地支自古就被中华民族广泛地应用于预测之中。天干地支运算的预测功能，经过中国人的长期运用，证明有非常高的准确度。需要说明的是，这只是人不借助任何运算工具，单纯使用心算口算的结果。如果配合上计算机这一强大的现代化运算工具，其运算精度必然大大提高。

当然，就太阳系各个天体而言，每一个天体运动都会对人产生影响，科学发展到能量场理论以后，这个影响对于普通人理解已经是毫无疑问的了。天体的影响必然存在，不同的只是这个影响强弱、显隐的问题。

太阳系各大行星中，质量仅次于木星的行星是土星，它的质量是地球的 95.152 倍，它的运行轨道距离地球也不是很远，也就是说，土星运行对人类施加的影响仅次于木星，土星的运动周期是 29.5 年。

试想一下，如果土星运动周期是 27 年，10、12、27 的最小公倍数是 540，正好可以解释古人所说的“五百年必有圣人出”这一论断。是不是古人观测土星周期误差的原因，产生了 27 这个周期数，我们不得而知。如果考虑土星的影响因素，人的生辰就由“八字”增加到“十二字”，其运算的复杂程度不是心算口算所能完成的，这种运算对于现代计算机来说，却是小菜一碟。当然，从中国历史来看，“五百年必有圣人出”这一论断和历史事实并不完全吻合，但作为一种思维方式，是很值得借鉴的。

在历史上，天干地支无论是用作纪年还是用作预测，一直备受中国古人的重视，文字性记载在史书中比比皆是。

19 世纪以来，西方科学技术强势侵入，西方文化也成为标准文化范式，中国人开始对自己的传统文化产生怀疑，人们对天干地支的使用渐渐淡化，但是没有人能够完全把它从我们的生活中清除出去，这就是它自身的生命力所在。据说，现在很多外国人也开始热衷于计算自己的属相，虽然他们并不知道属相的真正含义。

近代以来，科学技术飞速发展，实际上只是人类利用工具能力的发展。人类抛弃了复杂的事物过程研究，执着于本体（本质），这种研究无论如何深入，都是一条腿走路，是片面的。

所以，西方人对世界的认识反映在哲学上，总是被科学发展牵着鼻子走，远远不能达到全面解读和引领科学发展的作用。西方哲学由古典形而上学到本体诠释学，基本上是被一步步倒逼出来的。诠释学开始重视事物的过程研究，也仅仅是被动顺应、感性概念而已，远远没有达到理论主动、逻辑量化的程度。那么，我们为什么不借鉴一下中国古老的时间研究理论的思维方式呢？

阴阳理论为先导理论，伏羲氏据此发展出五行、八卦两个次一级理论，这就构成中国哲学最基本的理论框架。这一理论框架的建立并没有预设条件，所以历史的行进、科技的发展，都无法突破它的架构，古人用“大而无界、小而无内”描述太极，可谓恰如其分，这就是中国哲学理论能够做到一以贯之的根本原因。

如果说，现代社会要探究中华文明生生不息的根源，我们还是要回到中国哲学的基点理论——阴阳。阴阳和辩证的概念类似，但是比辩证的内涵更加丰富、完整。古人云：“一阴一阳之谓道”；在民间还有通俗的说法，那就是“两条腿走路”。

“形而上学”，本是一个西方哲学的外来词，这个词汇是用中国经典翻译的，取自《易经·系辞传》中那句“形而上者谓之道，形而下者谓之器”。“形而下者”是说有形可见，充满变化的；“形而上者”是脱离形体，永恒不变的。

形而上学理论是由古希腊哲学家亚里士多德创立的。笛卡尔认为，形而上学是哲学这棵大树的树根。

同时期的中国哲学家孔子则认为：“乾坤，其《易》之蕴邪？乾坤成列，而《易》立乎其中矣。乾坤毁，则无以见《易》。《易》不可见，则乾坤或几乎息矣。是故形而上者谓之道，形而下者谓之器。”

孔子用乾坤和《易》作比较，说明《易》这个载体与乾坤这个基本理念的不可分割性，也是在清晰地重申阴阳这个哲学基点的不可动摇性。翻译者割裂原文而取出“形而上”这个词语，看似翻译得文绉绉富有哲学韵味，但是已经严重偏离中国哲学的基本理念。阴阳不可割裂，割裂之后两者都失去了意义。

如果说“形而上学”是西方哲学的根，阴阳理论就是中国哲学的根。由此肇始，中西方哲学走上两条截然不同的发展道路。西方哲学由形而上开端，一路走来，在不断的挑战中逐步发展完善；中国哲学的阴阳五行八卦理论，就像是一座城池的规划蓝图一样，未开始建设时就已经产生，随着时间流逝，建筑物日新月异，但是总体规划从来没有被动摇过。

人在过程的研究中，容易获得相对消极的情绪和自我保护意识，这种情绪和意识会自主地、有意识地降低对本体的执着。这种降低本身具有积极的意义，有助于人在对欲望实现的得失中达成某种平衡，进而达到人与自然和谐相处的效果。相反，如果缺少这种执着降低，人的欲望就只能靠外在的价值来约束，这种约束的有效性因为有依赖性而难以稳定。现实中，中西方社会的发展进程也很好地印证了这一点。

2016 年 10 月，英国著名物理学家斯蒂芬·威廉·霍金在剑桥大学发表演讲，他认为人工智能技术的确有希望带来巨大的福利，比如根除疾病和贫困，但是它同样也可能带来危险，比如强大的自主式武器，或者帮助少数人压迫多数人。2017 年 3 月，霍金在接受英国《泰晤士报》采访时再次警告："人类需要控制以人工智能为代表的新兴科技，以防止它们在未来可能对人类生存带来的毁灭性威胁。"

以纯粹的中国哲学观点看待，这些担忧是完全没有必要的。中国哲学指导下的计算机思维逻辑具有内在约束性，"己所不欲，勿施于人"是对这种内在约束的外在表述。智能化计算机会统治人类的说法，是把人的头脑中殖民主义思维向机器思维中的带入。

西方哲学的发展道路，去掉事物过程研究而注重本质研究，也可以看作是一种约化，约化论不能完全解释事物本身，最终必然要回归本质与过程并重的研究思路。如果用科学发展来解释这种回归，那就是时间必须被重新审视，并赋予同空间和形体同等重要的地位，把时间、空间、形体统一起来，对现有的数学体系进行结构性扩充，重建体系完整的"新科学"，"新科学"也许能够担负起把世界的结构完全纳入知识的结构中的终极目标。届时，计算机比较逼真地模拟人类大脑的目标也许就可以实现了。"新科学"将不仅给人类提供更好的工具帮助，也将给人类提供真正的智力辅助支持。

法国前总统德斯坦说 :“中国在能够输出价值观之前，是不会成为一个真正的大国的。”

假以时日，中国人要输出的不仅是价值观，而且还有价值观背后的中国哲学，以及由中国哲学发展出的后现代科学技术。

如果说中国人“自强不息，厚德载物”的民族信仰为中华民族多次复兴提供了强大的精神力量，那么，过程与本质并重的中国哲学则为中华民族多次复兴提供了高超的智力支持。时间的循环性理念，使中国人认为历史不过是在反复重演而已，胜不骄，败不馁，在危亡关头，中国人总是能够表现出无比的韧性。

科学最终还是思想的表达，“有用即是真理，无用即为谬误”，表达的是找不到理想的思想家园的一种无奈感而已。